Martin Niemöller jr.

EVANGELISCHE KIRCHENFÜHRER BEI HITLER

Der Kanzlerempfang vom 25. Januar 1934

Luther-Verlag

Bibliographische Information der Deutschen Nationalbibliothek

Die Deutsche Nationalbibliothek verzeichnet diese Publikation
in der Deutschen Nationalbibliographie;
detaillierte bibliographische Daten sind im Internet
über http://dnb.d-nb.de abrufbar.

ISBN: 978-3-7858-0807-8

Umschlag und Satz: Luther-Verlag GmbH, Bielefeld
Druck und Bindung: Rudolph Druck oHG, Ebertshausen
Printed in Germany

Inhalt

Vorwort VII

Der Kanzlerempfang – ein Puzzle 1
Ein neuer Ansatz 3
Die »Deutschen Christen« auf dem Vormarsch 4
Die Bekenntnistreuen halten dagegen 7
Vom »Sportpalastskandal« zum »Maulkorberlass« 9
Die Bekenntnisfront sucht Beistand bei Frick
und Hindenburg 13
Hindenburg schaltet Hitler ein 16
Frick lädt zum Kanzlerempfang 17
Die kirchenpolitische Opposition bereitet sich vor 19
Auch die Gegner rüsten sich für den Empfang 28
Erwartungen und Absichten 31
Hindenburg empfängt Hitler 35
Wer war dabei? Die Teilnehmer 37
In der Reichskanzlei 45

»Querschläger durch Göring« 48
Göring verliest das frisierte Niemöller-Telefonat 50
Das Abhörprotokoll überführt Göring der Fälschung 53
Die »letzte Ölung« 61
War Niemöller unvorsichtig? 65
Hitler empört sich. 69
Niemöller in der Defensive 72
Göring klagt an 76
Der Führer spricht 79
Die Kirchenführer kommen zu Wort 84
Hitler spielt seine Trümpfe aus 87
Hitler gibt auch Niemöller zum Abschied die Hand 94
Die Tage danach – der Weg ins Desaster 98
Folgen und Folgerungen 103

Anhänge 111
Personenregister 131
Zeittafel. 141
Bildnachweis 144
Literaturverzeichnis 145
Abkürzungsverzeichnis 149
Danksagung. 151

Vorwort

Die Idee, dieses Buch im Luther-Verlag Bielefeld zu produzieren, ist in Münster entstanden: Die Bank für Kirche und Diakonie stellte dort am 7. Oktober 2021 das Martin-Niemöller-Haus in Dienst. Dr. Ekkehard Thiesler, der Vorstandsvorsitzende der KD-Bank, und Marlene Thieme, die Aufsichtsratsvorsitzende der KD-Bank, hatten neben Prof. Dr. Wolfgang Huber auch den jüngsten Sohn Niemöllers, Martin Niemöller, eingeladen. Martin Niemöller ist Jurist und war Richter am Bundesgerichtshof.

An diesem Tag lernten wir uns nicht nur persönlich kennen, sondern Martin Niemöller berichtete auch von seiner Forschungsarbeit über jene historisch zu nennende Begegnung von Bischöfen und Kirchenführern (so hieß das damals!) im Januar 1934 mit Adolf Hitler, um die sich bis heute viele Gerüchte und Behauptungen ranken.

Nicht zuletzt der ebenfalls anwesende theologische Vizepräsident der Evangelischen Kirche von Westfalen, Ulf Schlüter, nahm den Faden auf, der im Ergebnis dazu geführt hat, Niemöllers Untersuchung im Luther-Verlag zu publizieren.

Ohne den Ausführungen Martin Niemöllers vorzugreifen, sollen an dieser Stelle einige Anmerkungen und Fragen skizziert werden: Wer selber weiß, wie stark der Ton der Versöhnung und die Suche nach Übereinstimmung die Spitzengespräche zwischen staatlichen und kirchlichen Vertretern bestimmen, den überrascht freilich der öffentlich gewordene und überlieferte Widerspruch Niemöllers gegen die Ausführungen Hitlers während des Treffens. Rührte hier der Beginn der Abneigung Hitlers gegen Martin Niemöller her, den er drei Jahre später als »persönlichen Gefangenen des Führers« an der Gerichtsbarkeit vorbei in das Konzentrationslager Sachsenhausen-Oranienburg verbringen ließ? Wie war der tatsächliche Verlauf des Gespräches und wie die Positionen? Diesen Fragen geht Martin Niemöller nach – quellengestützt und nüchtern.

Niemöllers Zeit im Konzentrationslager wurde später immer wieder »weichgespült«. Er habe schließlich als Verpflegung die doppelte SS-Ration erhalten. Er sei aus dem Lager nachts nach Wuppertal gefahren worden, um sich von seinem sterbenden Vater, dem Pfarrer Heinrich Niemöller, zu verabschieden. Eine Haft »de luxe« also, nicht vergleichbar mit der anderer KZ-Insassen, monierte man.

Wie kalt-klar jedoch den Nazis das Ausschalten Niemöllers vor Augen stand, verrät ein Tagebucheintrag Joseph Goebbels: »Niemöller soll gut essen, dick werden, dass niemand ihn mehr mit einem Märtyrer verwechseln kann. Aber auf die Menschheit wird er nicht mehr losgelassen.« Ein Todesurteil mit kalkuliert stiller Vollstreckung.

Thomas Mann ist einer derjenigen, die das begriffen. In seinem Vorwort für einen Predigtband Niemöllers in den USA formulierte er: »Niemand weiß, ob das, was von Martin Niemöller übrig ist, noch irgendwelche Ähnlichkeit hat mit seinem früheren Selbst.«

Martin Niemöller überlebte die Haft und übernahm nach 1945 hohe kirchliche Ämter, ebenso internationale Ehrenämter. Sein Leben vom Marineoffizier bis zum Friedensaktivisten spiegelt ein schicksalträchtiges Jahrhundert. Die Begegnung mit Adolf Hitler in der Reichskanzlei im Januar 1934 ist nur eine, wenn auch für Martin Niemöller typische Begebenheit aus einem ungewöhnlichen Leben. Martin Niemöller, der Sohn, hat sie für unsere Zeit neu aufgearbeitet.

Münster, Gründonnerstag 2022 *Matthias Schreiber*

Der Kanzlerempfang – ein Puzzle

Am 25. Januar 1934 empfing *Adolf Hitler* mit einer Entourage seiner Ministerialbürokratie in der Berliner Reichskanzlei führende Vertreter[1] der evangelischen Kirche. Dieser Kanzlerempfang[2] diente der Besprechung und Beendigung einer Krise, die aus dem eskalierenden Konflikt zwischen der Glaubensbewegung der »Deutschen Christen« (DC) und den bekenntnistreuen Kräften der Kirche erwachsen war und sich durch selbstherrliche Maßnahmen des Reichsbischofs *Ludwig Müller*[3] dramatisch zugespitzt hatte.

Während Vorgeschichte und Folgegeschehen des Empfangs zweifelsfrei festgestellt sind, gilt das für den Vorgang selbst nicht. Die etwa 1¼-stündige Besprechung ist nicht protokolliert worden. Zu ihrem Verlauf, zum Verhalten der Teilnehmer, zu Inhalt, Abfolge und Wechselbezug ihrer Wortmeldungen und Redebeiträge gibt es zahlreiche Darstellungen, die in mancherlei Hinsicht voneinander abweichen. *Klaus Scholder* zieht in seinem bahnbrechenden Werk zum Kirchenkampf ein ebenso treffendes wie ernüchterndes Fazit[4]: »Viele Teilnehmer (scil.: des Empfangs) haben

1 Die Bezeichnung *Kirchenführer* verdankt sich dem ab 1933 in Mode gekommenen Sprachgebrauch, der den Terminus *Führer* inflationär – vom Reichskanzler bis hinunter zum Vereinsvorstand – verwendete; im Folgenden wird sie trotzdem, dem Kontext der Zeitumstände entsprechend, benutzt.

2 Oft wird dieser Empfang auch als *Audienz* bezeichnet; in der Tat entsprach die Veranstaltung dem historischen Muster einer Anhörung, die der Herrscher seinen Untertanen, etwa der Fürst den über Missstände klagenden Landständen, zuweilen huldvoll gewährte.

3 *Thomas Martin Schneider*, Reichsbischof Ludwig Müller; *ders.*, Kurzdarstellung von Person und Lebenslauf, in: Mit Schwert und Talar, S. 38 ff.

4 *Scholder*, Bd. 2, S. 378 Anm. 104.

seinen Verlauf beschrieben oder doch wenigstens ihre Eindrücke festgehalten, manche erst später. Keiner dieser Berichte gleicht dem anderen, viele erwähnen ganz verschiedene Dinge. Das Ganze ist ein geradezu klassisches Beispiel für die Parteilichkeit des menschlichen Aufnahme- und Erinnerungsvermögens.« Das spiegelt sich denn auch in den zahlreichen Darstellungen, die später aus historischer Distanz von Autoren geschrieben worden sind, die »nicht dabei« waren[5]. Sie fügen sich nicht ohne Weiteres zu einem widerspruchsfreien Bild. Das Ergebnis gleicht einem noch nicht fertig gelegten Puzzle: Zwar lässt sich erahnen, wie es am Ende aussehen sollte, aber sicher ist das eben nicht, denn es sind Lücken geblieben, einige Puzzleteile haben noch keine Verwendung gefunden und andere scheinen nicht dort zu passen, wo sie eingesetzt sind.

Die kirchengeschichtliche Forschung ist über den Befund *Scholders* kaum hinausgelangt. Das kann nicht verwundern. Die Quellen sind weithin dieselben geblieben, nur wenige neue haben sich seitdem erschlossen. Damit könnte es sein Bewenden haben. Aber es lohnt sich, die Puzzleteile noch einmal zur Hand zu nehmen, zu sichten, zu ordnen und aufs Neue zusammenzusetzen. Die hiermit vorgelegte Studie beschränkt sich daher nicht auf eine bloße Bestandsaufnahme, sondern unternimmt – mit einigem Aufwand und Anspruch – einen neuen Versuch zur Rekonstruktion des Empfangs, um zu klären, was dabei tatsächlich geschehen ist, welcher Sachverhalt feststeht und welche Annahmen hierzu als wahrscheinlich, plausibel, unwahrscheinlich oder widerlegt gelten können. Im Verlauf dieser Bemühung lassen sich womöglich einige Unklarheiten und Irrtümer ausräumen, Lücken beseitigen und ergänzende Feststellungen treffen. Wenngleich das Puzzle damit auch nicht bis zum letzten Teil vervollständigt werden kann, käme es dadurch doch seiner Vollendung ein Stück näher, und das Bild vom Kanzlerempfang träte deutlicher hervor als bisher. Das jedenfalls ist der Plan.

5 *Scholder,* Bd. 2, S. 59 ff. und die S. 378 Anm. 104 zitierten Arbeiten, von denen besonders zu nennen sind *W. Niemöller,* Hitler und die evangelischen Kirchenführer, in: EvTh 20 (1960), S. 107 ff., und *Glenthøj* in: Zur Geschichte des Kirchenkampfes, S. 45 ff.

Ein neuer Ansatz

Zur Rekonstruktion des Empfangs wird hier ein radikaler Ansatz gewählt. Verwertet werden – neben ergänzenden Dokumenten ohne Berichtscharakter – ausschließlich, aber auch ausnahmslos alle erreichbaren, in Schriftform vorliegenden Aussagen der Teilnehmer (Augen- und Ohrenzeugen) sowie derjenigen Personen, die von Teilnehmern, ohne selbst zugegen gewesen zu sein, Informationen darüber erhalten und wiedergegeben haben (mittelbare Zeugen)[6]. Diese Angaben bilden einzeln und insgesamt den Gegenstand einer Beweiswürdigung, wie sie auch ein Richter[7] vornehmen müsste, um sich ein möglichst zutreffendes und vollständiges Bild vom jeweils in Rede stehenden Vorgang, etwa einer mit der Anklage behaupteten Straftat, zu machen. Der Kanzlerempfang eignet sich als Objekt einer quasi richterlichen Beweiswürdigung umso besser, als er sich, wie es auch bei Straftaten meist der »Fall« ist, in einem engen zeitlichen wie örtlichen Rahmen abgespielt hat. Der methodische Einwand, die Beurteilung sei hier Sache des Historikers, nicht des Richters, verfängt demgegenüber nicht; denn Beweiswürdigung wird überall benötigt und betrieben, wo ein Geschehen, das nicht ohnehin evident ist, aufgeklärt werden soll, und sie unterliegt dann auch stets denselben, übergreifenden Maßstäben, folgt also derselben *lex artis*[8].

6 Der Zeugenbegriff wird hier nur im Alltagssinn der *Wahrnehmung* gebraucht, nicht im Sinn des prozessrechtlichen *Beweismittels*.

7 Der *Verf.* hatte als Strafrichter sowohl in der Tatsachen- als auch in der Revisionsinstanz viel mit Beweiswürdigungsfragen zu tun.

8 Für jede Beweiswürdigung gilt unabhängig vom Fachgebiet, dass sie nur dann korrekt ist, wenn sie keine Lücken oder Widersprüche aufweist, weder mit Denkgesetzen oder gesichertem Erfahrungswissen kollidiert noch sich so weit von Tatsachengrundlagen entfernt, dass ihre Schlussfolgerungen in Wirklichkeit bloße Vermutungen sind (so für das Strafrecht z.B. BGHSt 58, 212, 214 Rn. 6); diese Maßstäbe sind nicht fachspezifisch – sie gehören vielmehr einer Metaebene an.

Die »Deutschen Christen« auf dem Vormarsch

Der Kanzlerempfang war ein Wendepunkt in der Geschichte des evangelischen Kirchenkampfs; seine Bedeutung erschließt sich nur vor dem Hintergrund der Entwicklung, die mit den Kirchenwahlen vom 23. Juli 1933[9] etwa ein halbes Jahr vorher begonnen hatte[10].

Als die Einladung an die Kirchenführer erging, bot die evangelische Kirchenlandschaft in organisatorischer Hinsicht ein buntes Bild. Es gab 28 Landeskirchen[11]; deren größte, die Evangelische Kirche der Altpreußischen Union (APU)[12], 9 Kirchenprovinzen umfasste[13]. Als selbstständige Landeskirchen bildeten sie die Deutsche Evangelische Kirche (DEK), die nach ihrer Verfassung vom 11. Juli 1933[14] als Leitungsorgane einen Reichsbischof, ein Geistliches Ministerium und eine Nationalsynode vorsah[15]. Kirchenpolitisch war die Situation dadurch geprägt, dass sich

9 Zum Ausgang der Wahlen siehe *Gauger,* S. 95.

10 Die folgende Skizze folgt den Darstellungen von *Scholder, K. Meier*, Der evangelische Kirchenkampf Bd. I, S. 109 ff., *J. Schmidt*, Martin Niemöller im Kirchenkampf, und *W. Niemöller*, Kampf und Zeugnis der Bekennenden Kirche, S. 59 ff.

11 Übersicht bei *Braun/Nicolaisen* (Bearb.), Verantwortung, Bd. 1, S. 428 f.; auch *K. Meier,* S. 648.

12 Die in Preußen 1817 von Friedrich Wilhelm III gegründete Union vereinigte die lutherischen und reformierten Gemeinden der Kirchenprovinzen Brandenburg, Grenzmark, Ostpreußen, Pommern, Schlesien, Sachsen, Westfalen, Rheinland und Danzig; »altpreußisch« hieß sie nach 1866, weil sie nicht die Kirchen der damals von Preußen annektierten Gebiete mit einschloss, siehe *Jürgen Kampmann* (Hg.), Preußische Union: Ursprünge, Wirkung und Ausgang.

13 Leitungsorgane der APU waren der Evangelische Oberkirchenrat, der Kirchensenat (Nachfolger des preußischen Königs als *summus episcopus*) und die Generalsynode.

14 Anhang I, RGBl I, S. 472 ff.; *Kretschmar/Nicolaisen*, Dokumente I, S. 185 ff.

15 Im Geistlichen Ministerium waren die lutherische, reformierte und unierte Richtung mit je einem Theologen vertreten, der vierte Minister war ein rechtskundiges Mitglied, Art. 7 Nr. 2 DEK-Verfassung. Die Beratenden Kammern nach Art. 5 Nr. 4 spielten praktisch keine Rolle.

die Mehrzahl der Landeskirchen in der Hand der DC, also jener Glaubensbewegung befand, die – um es auf einen einfachen Nenner zu bringen – Christentum und Nationalsozialismus miteinander verschmolz[16]. Nachdem die »Deutschen Christen« (DC) bei den Kirchenwahlen vom 23. Juli 1933 einen triumphalen Sieg über ihre bekenntnistreuen Gegner errungen hatten, war es ihnen gelungen, in vielen Fällen die Mehrheit in den kirchlichen Vertretungskörperschaften zu stellen, die Leitungsorgane zu besetzen und damit das Kirchenregiment zu übernehmen, so bei der APU (mit Ausnahme der Provinzialkirche Westfalens), in Sachsen, Thüringen, Schleswig-Holstein, Braunschweig, Hessen und in einigen kleineren Kirchen.

Kirchenpolitisches Ziel der DC war die Errichtung einer von ihnen beherrschten, zentral organisierten Reichskirche, in der die Landeskirchen zu unselbstständigen Verwaltungseinheiten herabgestuft sein sollten. Ihr Verbündeter bei diesem Vorhaben war der Königsberger Wehrkreispfarrer *Ludwig Müller*, der, von *Hitler* am 25. April 1933 zum »Bevollmächtigten für die Angelegenheiten der evangelischen Kirche« ernannt[17], dem kirchlichen Spitzenamt zustrebte. *Müller*, selbst nicht Mitglied der DC, aber ihr Schirmherr, NSDAP-Mitglied und glühender Hitlerverehrer, hatte schon bald mit massiver Unterstützung durch Staat und Partei die kirchlichen Machtzentren erobert. Insbesondere hatte er sich in der APU am 4. August 1933 zum Präsidenten des Oberkirchenrats wählen und am 6. September zum Landesbischof der APU berufen lassen[18], um dann am 27. September 1933 von der Nationalsynode der DEK in Weimar zum Reichsbischof gekürt zu werden; zu Kirchenministern berief er den Reichsleiter der DC, Pfarrer *Joachim Hossenfelder* (uniert), den Hamburger Landesbischof *Simon Schöffel*

16 Die Richtlinien der »Deutschen Christen« von 1932 bei *Gauger*, S. 67, die neuen, nach der Machtübernahme *Hitlers* erlassenen Richtlinien vom 16. Mai 1933 bei *Gauger*, S. 79.

17 *Kretschmar/Nicolaisen*, Dokumente I, 19/33 S. 42 f.

18 Kirchengesetz vom 6. September 1933, abgedruckt bei *Hermle/Thierfelder* (Hg.), Herausgefordert, Dokument 51, S. 126 f.; siehe auch *Gauger*, S. 98; *K. Meier*, S. 109.

(lutherisch), den Theologiedozenten *Otto Weber* (reformiert) und den Rechtsanwalt *Friedrich Werner* (als rechtskundiges Mitglied)[19].

Abb. 1: Ludwig Müller

19 *Gauger*, S. 104.

Die Bekenntnistreuen halten dagegen

Auf bekenntnistreuer Seite hatte sich indessen längst Widerstand formiert, der sich gegen die DC und ihre Grundsätze, insbesondere gegen den von ihnen befürworteten und im Kirchengesetz der APU vom 6. September 1933 auch schon verankerten »Arierparagraphen«[20] richtete; diese Bestimmung schloss »Nichtarier« und ihre Ehepartner als Geistliche oder Beamte der allgemeinen kirchlichen Verwaltung aus. Dargestellt und getragen wurde der Widerstand von Kirchen, die nicht unter DC-Kontrolle geraten waren, insbesondere von den Landeskirchen in Bayern (Landesbischof *Hans Meiser*), Württemberg (Landesbischof *Theophil Wurm*) und Hannover (Landesbischof *August Marahrens*), der Provinzialkirche Westfalens (Präses *Karl Koch*) und einigen regionalen Zusammenschlüssen.

Von überregionaler Bedeutung war der am 11. September 1933 gegründete Pfarrernotbund[21], dessen Mitglieder sich durch Unterzeichnung einer entsprechenden Erklärung dazu verpflichteten, ihr Amt allein nach Schrift und reformatorischen Bekenntnissen zu führen, gegen jede Verletzung des Bekenntnisstands zu protestieren und sich verantwortlich zu wissen für jene, die »um solchen Bekenntnisstandes willen« verfolgt würden; in dieser Verpflichtung bezeugte das Mitglied, dass die Anwendung des »Arierparagraphen« im innerkirchlichen Raum eine Verletzung des Bekenntnisstands sei[22]. Dieser Notbund war unter der Leitung des Dahlemer Pfarrers *Martin Niemöller* rasch an-

20 Kirchliches GVBl. 1933, S. 142 f.; abgedruckt auch bei *Hermle/Thierfelder* (Hg.), Herausgefordert, Dokument 72, S. 157, und *Denzler/Fabricius*, Bd. 2, Dokument Nr. 23, S. 76.

21 Zur Gründungsgeschichte: *W. Niemöller*, Der Pfarrernotbund, S. 8 ff., 15 ff.

22 Anhang II; *W. Niemöller*, Der Pfarrernotbund, S. 37; *ders.*, Die Evangelische Kirche, S. 112 ff.; *Gauger*, S. 101/103; *Hermle/Thierfelder* (Hg.), Herausgefordert, Dokument 53, S. 129; *Denzler/Fabricius*, Dokument 25, S. 83; *K. Meier*, S. 135.

Abb. 2: Martin Niemöller

gewachsen[23], zumal sich die Verfolgung bekenntnistreuer Pfarrer und Kirchenbediensteter im Bereich der DC-Kirchen durch staatspolizeiliche Maßnahmen, gewaltsame Aktionen von Parteiorganisationen und willkürliche Suspendierung oder Versetzung von Pfarrern erheblich verstärkt hatte.

23 Mitte November 1933 hatte er bereits 3000, Mitte Januar 1934 über 7000 Mitglieder (rund 37% der evangelischen Pfarrerschaft), *W. Niemöller,* Der Pfarrernotbund, S. 31; *ders.,* Die Evangelische Kirche, S. 112; *ders.,* Texte, S. 10f., 62f.; *Scholder,* Bd. 2, S. 37.

Gegen die Phalanx von DC, Reichsbischof und NS-Staat hatte das informelle Bündnis von nicht-deutschchristlichen Kirchen und Pfarrernotbund, die sogenannte *Bekenntnisfront*, einen schweren Stand.

Vom »Sportpalastskandal« zum »Maulkorberlass«

Doch die DC erlebten einen raschen Niedergang, nachdem ihr Berliner Gauobmann *Reinhold Krause* am 13. November 1933 im Berliner Sportpalast bei einer Rede vor 20.000 Zuhörern im Beisein zahlreicher DC-Kirchenführer gefordert hatte, sich vom Alten Testament mit seiner »jüdischen Lohnmoral«, von »diesen Viehhändler- und Zuhältergeschichten«, loszusagen, Menschen »judenblütiger Art« aus der Kirche auszuschließen und auf die »Sündenbock- und Minderwertigkeitstheologie des Rabbiners Paulus« zu verzichten[24]. Dies führte zu flammenden Protesten, einer beispiellosen Austrittswelle bei den DC und Spaltungen in ihrer Bewegung[25], hatte darüber hinaus aber auch zur Folge, dass sich der Reichsbischof unter dem wachsenden Druck der Bekenntnisfront bereitfinden musste, die Schirmherrschaft über die DC niederzulegen[26], die Mitglieder des Geistlichen Ministeriums zum gemeinsamen Rücktritt zu drängen[27] und schließlich den Reichsleiter der DC, *Joachim Hossenfelder*, der einer der Minister gewesen war, zum

24 *Gauger*, S. 109/111; *Hermle/Thierfelder* (Hg.), Herausgefordert, Dokument 59, S. 138f.; dazu *Scholder*, Bd. 1, S. 701ff.; *J. Schmidt*, S. 147ff.; die Entschließung dazu bei *Gauger*, S. 111, *Denzler/Fabricius*, Bd. 2, Dokument 27, S. 88.

25 Einzelheiten bei *K. Meier*, S. 138f.

26 *Gauger*, S. 118.

27 *Gauger*, S. 116.

Verzicht auf alle kirchlichen Ämter sowie zur Abgabe der DC-Führung zu nötigen[28].

Die fällige Neubesetzung des Geistlichen Ministeriums geriet zum Desaster, weil *Müller* ohne Rücksicht auf Vorschläge der Landeskirchenführer Kandidaten zu Kirchenministern berief, die entweder ihre Berufung ablehnten oder nach kurzer Zeit wieder ausschieden[29], so dass Ende 1933 vom regulär vierköpfigen Geistlichen Ministerium nur noch der unierte Kirchenminister, Professor *Hermann Wolfgang Beyer* (als Nachfolger *Hossenfelders*), übrig geblieben war[30]. Gleichwohl ließ *Müller* weitere Kirchengesetze beschließen. Mit Erklärungen und Ultimaten forderte die Bekenntnisfront ihn zur »Lösung der Kabinettskrise« auf und sprach ihm das Misstrauen aus[31]; doch scheiterten alle Bemühungen wie letztlich auch die Verhandlungen, die im Rahmen einer Besprechung von Vertretern der Bekenntnisfront am 4. Januar 1934 in Halle/Saale mit ihm geführt wurden, an seiner Ablehnung oder Hinhaltetaktik[32].

Inzwischen hatte er am 19./20. Dezember 1933 mit dem Reichsjugendführer *Baldur v. Schirach* eigenmächtig die Eingliederung des Evangelischen Jugendwerks in die Hitlerjugend vereinbart[33]. Das löste einen

28 *Gauger,* S. 119, 122; *Hermle/Thierfelder* (Hg.), Herausgefordert, Dokument 81, S. 175. Neuer Reichsleiter der DC wurde Konsistorialrat *Christian Kinder* (Kiel).

29 *Lauerer* (lutherisch) nahm seine Berufung nicht an, *Klein* fungierte bis zum 21. Dezember als kommissarischer Vertreter, *Weber* (reformiert) trat am 22. Dezember zurück, verwaltete das Amt aber noch kommissarisch bis zum 23. Februar 1934, *Werner* (Jurist) wurde vor Weihnachten 1933 entlassen.

30 *Beyer* trat am 11. Januar 1934 zurück, führte das Amt aber noch bis zum 21. Januar kommissarisch weiter, Rundschreiben Nr. 6 des Pfarrernotbunds vom 11. Januar 1934, in: *W. Niemöller,* Der Pfarrernotbund, S. 186 f., Junge Kirche 1934, 70.

31 Erklärungen lutherischer Bischöfe und des Notbunds vom 19. und 20. Dezember 1933, *Gauger,* S. 121 f., Junge Kirche 1934, 25 f.; Ultimatum der Bekenntnisfront vom 30. Dezember 1933, von dem Abschriften an *Hindenburg, Hitler* und *Frick* gesandt wurden, *Meiser,* Verantwortung, Dokument 92 Anm. 2, S. 184; Erklärung mehrerer Landesbischöfe vom 4. Januar 1934, *Meiser,* Verantwortung, Dokument 93 Anm. 3, S. 184 f.

32 Protokoll bei *Scholder,* Bd. 1, S. 738 f.

33 *Kretzschmar/Nicolaisen,* Dokument I 59/33, S. 183; *Gauger,* S. 126; *Hermle/Thierfelder* (Hg.), Herausgefordert, Dokument 64, S. 144; *Scholder,* Bd. 1, S. 731 ff.; *K. Meier,* S. 150; *J. Schmidt,* S. 158 ff. Zum Bruch seiner Anhörungszusage siehe das am 19. Dezember

Sturm des Protests aus. Zahlreiche Jugendführer und -pfarrer verließen die DC. Die lutherischen Bischöfe richteten ein Protestschreiben an den Reichsbischof[34]; auch der Notbund und einzelne Kirchenführer verwahrten sich gegen sein Vorgehen[35]. *Müller* setzte nun nur noch auf *Hitler*[36] und seine eigenen Mitarbeiter, *Jäger* und *Oberheid*[37].

Seine Antwort auf die Kritik bestand darin, dass er am 4. Januar 1934 die »Verordnung betr. die Wiederherstellung geordneter Zustände in der DEK« erließ[38]. Diese Verordnung, alsbald »Maulkorberlass« genannt, untersagte den »Mißbrauch des Gottesdienstes zum Zwecke kirchenpolitischer Auseinandersetzungen«, verbot kirchlichen Amtsträgern, »das Kirchenregiment oder dessen Maßnahmen öffentlich oder durch Verbreitung von Schriften anzugreifen«, bedrohte Zuwiderhandlungen mit disziplinarischen Sanktionen und setzte den zeitweilig ausgesetzten »Arierparagraphen« wieder in Kraft[39].

von *Meiser* dem Reichsbischof überreichte Schreiben der Kirchenführer, *Gauger*, S. 125, und *Meiser*, Verantwortung, Dokument 82 Anm. 1, S. 174.

34 *Gauger*, S. 126; *Meiser*, Verantwortung, Dokument 92 Anm. 2, S. 184.

35 *K. Meier*, S. 151; zur Ablehnung durch *Niemöller* siehe *J. Schmidt*, S. 158 f.

36 Nach einem Bericht *v. Bodelschwinghs* hatte *Müller* ihm am 21. Dezember gesagt, er fühle sich völlig vereinsamt, müsse aber seinen Weg weitergehen und habe – was allerdings erfunden war – eben wieder das Vertrauensvotum von *Hitler* empfangen, der ihm erklärt habe, die Eingliederung des Jugendwerks sei ihm das »schönste Weihnachtsgeschenk«, *Meiser*, Verantwortung, Dokument 91, S. 180 f.; *Scholder*, Bd 1, S. 737 f.

37 *August Jäger*, ehemals Staatskommissar für die preußischen Kirchen, war Ministerialdirektor im preußischen Kultusministerium, *Heinrich Oberheid* war Bischof des neu gegründeten Bistums Köln-Aachen; *Faulenbach*, Ein Weg durch die Kirche – Heinrich Josef Oberheid, 1992, mit näheren Angaben zu seiner Stellung im »Stab« des Reichsbischofs, a.a.O., S. 96.

38 Anhang III, GBl.DEK 1934, 1; *Hermle/Thierfelder* (Hg.), Herausgefordert, Dokument 63, S. 143; *Gauger*, S. 130; *K. Meier*, S. 154 ff.; *J. Schmidt*, S. 163 ff.

39 Außer Kraft gesetzt worden war der »Arierparagraph« durch Kirchengesetz vom 16. November 1933 (GBl.DEK 1933, S. 33), *Gauger*, S. 112. Durch § 4 des »Maulkorberlasses« wurde diese Außerkraftsetzung ihrerseits außer Kraft und mit dieser absonderlichen Gesetzestechnik (Minus x Minus = Plus) der »Arierparagraph« wieder in Kraft gesetzt.

Abb. 3: Ludwig Müller (links) und August Jäger

Das stieß sogleich auf heftigen Widerspruch. Der Notbund protestierte am 7. und 14. Januar durch eine Kanzelabkündigung[40], die beklagte, dass der Reichsbischof »denen Gewalt androht, die um ihres Gewissens und der Gemeinde willen zu der gegenwärtigen Not der Kirche nicht schweigen können«[41]. In Berlin kam es zu großen Bekenntnisversamm-

40 Anhang IV; Junge Kirche 1934, 71ff.; Dazu das Rundschreiben des Pfarrernotbunds Nr. 6 vom 11. Januar 1934 in: *W. Niemöller,* Der Pfarrernotbund, S. 186ff. Die Kanzelabkündigung wurde an den zwei Sonntagen von insgesamt etwa 3500 Pfarrern verlesen, *W. Niemöller,* Kampf und Zeugnis, S. 87.

41 *Gauger,* S. 133/135; *Denzler/Fabricius,* Bd. 2, S. 46.

lungen. Mehrere Landeskirchen lehnten die Durchführung der Verordnung ab und legten Rechtsverwahrung ein.[42] Auch das Moderamen des Reformierten Bundes erhob Einspruch, ebenso protestierten zahlreiche reformierte Presbyterien, desgleichen die Lutherische Bekenntnisbewegung im Namen von 900 Pfarrern, ferner 73 Hochschulprofessoren und -assistenten[43]; zudem erklärten mehrere Rechtsgutachten den Erlass für verfassungswidrig[44]. Der Reichsbischof beantwortete den Protest mit Gewalt. In den Folgewochen wurden etwa 50 Pfarrer wegen der Kanzelabkündigung suspendiert. *Niemöller* erhielt vom Berliner Bischof *Karow* einen strengen Verweis. *Müller* veranlasste, dass die Gestapo Gottesdienste des Notbunds überwachte und über dessen Mitglieder Erkundigungen einzog[45].

Die Bekenntnisfront sucht Beistand bei Frick und Hindenburg

Damit begann eine Phase, in der die kirchliche Opposition zunehmend Beistand im Reichsinnenministerium und beim Reichspräsidenten suchte. Im Innenministerium hatte sie in Ministerialrat *Walter Conrad,* dem Sachbearbeiter für Kirchenfragen, und Ministerialdirektor *Rudolf Buttmann,* seinem Abteilungsleiter, verlässliche Fürsprecher; den Zugang zum Reichspräsidenten *Paul v. Hindenburg* eröffnete ihr

42 *Meiser,* Verantwortung, Dokument 17, S. 203.

43 *Gauger,* S. 131; *Scholder,* Bd. 2, S. 39; *Hermelink,* S. 65; *W. Niemöller,* Kampf und Zeugnis, S. 85f. Zum Theologenprotest *Dinkler/Dinkler-von Schubert* (Hg.), Theologie und Kirche, S. 73ff.

44 Darstellung der Proteste bei *J. Schmidt,* S. 164; *Gauger,* S. 131; das Gutachten des Reichsgerichtsrats *Wilhelm Flor* ist abgedruckt in Junge Kirche 1934, 74ff. Dazu *Scholder,* Bd. 2, S. 42ff.

45 *Kretschmar/Nicolaisen,* Dokument II 2/34, S. 1ff.; *Meiser,* Verantwortung, Dokument 94, S. 186f.; *J. Schmidt,* S. 164f.

dessen Staatssekretär *Otto Meissner.* Sowohl *Meiser,* der Wortführer der »nicht-deutschchristlichen« Landesbischöfe, als auch *Niemöller*, der Leiter des Notbunds, wurden aktiv. So berichtete *Niemöller* dem Reichsinnenminister *Wilhelm Frick* in mehreren Schreiben von polizeilichen Übergriffen und bat um Abhilfe. Reichsfinanzminister *Lutz Graf Schwerin v. Krosigk,* der zu seiner Gemeinde gehörte, informierte *Meissner* am 6./7. Januar über den »Maulkorberlass« und die Kanzelabkündigung, gab *Müller* die Hauptschuld am »offenen Bruch« und erklärte seine Eile mit dem Anliegen, »etwaiges Unheil«, das sonst schnell eintreten könnte, zu verhüten – eine unverhohlene Aufforderung zum Handeln. Im selben Sinne ließ auch *Friedrich v. Bodelschwingh*, vormals designierter Reichsbischof, seinen persönlichen Mitarbeiter *Gerhard Stratenwerth* bei *Meissner* vorstellig werden. *Meiser* wiederum sprach am 9. Januar 1934 mit *Frick* und deutete dabei an, dass er *Müller* für »untragbar« halte[46].

Vor diesem Hintergrund empfing *Hindenburg* am 11. Januar den Reichsbischof zu einer Aussprache, bei der er sich von ihm in Gegenwart von *Meissner*, *Schwerin v. Krosigk* und *Oberheid* zur Frage der Besetzung des Geistlichen Ministeriums, zur Eingliederung des Jugendwerks und zum »Maulkorberlass« berichten ließ[47]; er habe um die Unterredung gebeten »nicht in amtlicher Eigenschaft und nicht, um in den Kirchenstreit einzugreifen, sondern nur,« um sich »persönlich zu informieren und als evangelischer Christ mitzuwirken, daß bald wieder Friede in die Kirche einkehrt«. Im Anschluss an den Bericht sollte gemeinsam versucht werden, »einen Weg zum Ausgleich und zur Verständigung zu finden«, was indes unterblieb. Am Schluss der von ihm als »rein privat und persönlich« bezeichneten Aussprache betonte *Hindenburg* nochmals, dass er »hierdurch nicht amtlich in die weitere Entwicklung der Dinge eingreifen« wolle.

Dann aber überschlugen sich die Ereignisse. Am selben Tag beschlagnahmte die Gestapo die Adressenkartei des Notbunds. Auch kam das Ge-

46 *Meiser,* Verantwortung, Dokumente 95, 107 und 116, S. 188, 196 und 201 Anm. 2.

47 Aktennotiz *Meissner* vom 12. Januar 1934, BArch, R 43-II/161, fol. 284 ff.; *Kretschmar/Nicolaisen,* Dokument II 3/34, S. 6; *Glenthøj,* S. 70 ff.

Abb. 4: Heinrich Josef Oberheid

rücht auf, dass die Einsetzung eines Staatskommissars bevorstehe. Am Abend trug *Niemöller* bei *Conrad* und *Schwerin v. Krosigk* die Sorgen des Notbunds vor und deutete an, dass man sich in diesem Fall als Freikirche konstituieren werde; die Landesbischöfe Bayerns und Württembergs waren für diesen Fall entschlossen, die Verbindung zur Reichskirchenregierung zu kappen und ihre völlige Selbstständigkeit wiederherzustellen[48]. Am 12. Januar setzten *Schwerin v. Krosigk* und *v. Bodelschwingh* den Reichspräsidenten von diesen Neuigkeiten in Kenntnis. *Hindenburg* griff selber nicht ein, bat aber daraufhin *Frick*, bei einer Besprechung am 13. Januar, zu der *Müller* die Kirchenführer geladen hatte, im Sinne ei-

48 *J. Schmidt*, S. 165.

ner Verständigung zu vermitteln[49]. Die *Frick* zugedachte Rolle übernahm dann *Buttmann.* Bei diesem Treffen, zu dem Vertreter des Notbunds nicht geladen waren, versprachen die Kirchenführer auf Bitten *Müllers* und *Buttmanns,* die für den 14. Januar geplante, zweite Kanzelabkündigung des Notbunds in ihren Kirchengebieten zu verhindern und die kirchenpolitische Auseinandersetzung bis zum 17. Januar, dem Tag, an dem *Müller* von *Hitler* empfangen werden sollte, ruhen zu lassen (»Burgfrieden«)[50].

Hindenburg schaltet Hitler ein

Mit Schreiben vom 16. Januar[51] sandte *Meissner* seinem Pendant in der Reichskanzlei, Staatssekretär *Hans Heinrich Lammers*, zwei Aktennotizen, die er am 12. Januar über den Empfang *Müllers* bei *Hindenburg* und die von *Schwerin v. Krosigk* und *v. Bodelschwingh* übermittelten Nachrichten gefertigt hatte; im Anschreiben teilte er mit, der Reichspräsident sei »persönlich« der Ansicht, dass der Reichsbischof »teils aus gesundheitlichen Gründen, teils aus Mangel an Autorität, nicht in der Lage« sei, die »sehr besorgniserregenden Zustände in der evangelischen Kirche zu bessern und die Einheit der Reichskirche zu wahren«. Mit einem weiteren Schreiben vom 18. Januar[52] setzte er *Lammers* zur Information *Hitlers* davon in

49 Aktennotiz *Meissner* (Fn. 47), S. 8 f.

50 *Meiser*, Verantwortung, Dokumente 116, 119, S. 201 f., 205 ff.; dies empörte *Niemöller*, der das Bündnis mit den nicht-deutschchristlichen Bischöfen fast aufgekündigt hätte, *Conrad*, S. 64.

51 BArch, R 43-II/161, fol. 283; *Kretschmar/Nicolaisen*, Dokument II 3/34, S. 6 ff., 9; *Glenthøj*, S. 70 ff.; *Meiser*, Verantwortung, Dokument 124, S. 213.

52 BArch, R 43-II/161, fol. 294; *Glenthøj*, S. 74 f.; *Lammers* bestätigte den Empfang dieses Schreibens erst am 20. Januar, BArch, R 43-II/161, fol. 295 *Glenthøj*, S. 76. Zu diesem Zeitpunkt war die Entscheidung für den Kanzlerempfang schon gefallen, die Einladung dazu bereits ergangen.

Kenntnis, dass der Reichspräsident die Zuspitzung der Gegensätze in der DEK »mit großer Sorge« betrachte, und machte auf zwei mitübersandte Zuschriften aufmerksam. Damit war die »Intervention« *Hindenburgs*, wenn man sie denn so nennen will, zunächst beendet.

Hitler hatte inzwischen bereits das für den 17. Januar vorgesehene Treffen mit *Müller* abgesagt und *Frick* sowie *Buttmann* zur Besprechung am 18. Januar zu sich beordert; dabei besprach er mit ihnen die Lage, hörte sich *Fricks* Forderung nach Absetzung des Reichsbischofs an und erteilte danach die Weisung, in der kommenden Woche die maßgebenden Kirchenführer beider Seiten zu einer Aussprache in die Reichskanzlei einzuladen, damit noch einmal der Versuch einer Verständigung gemacht werde[53]; Vorbereitung und Auswahl der Einzuladenden übertrug er dem Reichsinnenminister[54], versprach strikte Neutralität des Staates[55] und vertagte die Entscheidung.

Frick lädt zum Kanzlerempfang

Die Einladung folgte einen Tag später: Mit Schreiben vom 19. Januar 1934 lud der Reichsinnenminister 15 evangelische Kirchenführer, darunter den Reichsbischof, im Auftrag des Reichskanzlers zu einer Besprechung über die Lage der Deutschen Evangelischen Kirche auf den

53 Aktenvermerk *Meissner* vom 19. Januar 1934, BArch R 601/713, fol. 124; *Meiser*, Verantwortung, Dokumente 127, 130, 134, S. 214 ff.; *Conrad*, S. 65; *Scholder*, Bd. 2, S. 50.

54 *Meiser*, Verantwortung, Dokument 134, S. 218.

55 Runderlass des Reichsinnenministers vom 19. Januar, der darauf bestand, dass auch kirchliche Stellen nicht befugt seien, »im kirchlichen Meinungsstreit ein Einschreiten staatlicher Organe herbeizuführen«, *Kretschmar/Nicolaisen*, Dokument II 7/34, S. 13. Mit Schreiben vom 23. Januar teilte das Innenministerium der Reichskirchenregierung mit, dass der Reichskanzler dies am 18. Januar erneut so entschieden habe, *Gauger*, S. 136.

24. Januar mittags 1 Uhr in die Reichskanzlei ein[56]. Dieser Termin[57] wurde jedoch, weil *Hitler* an diesem Tag zur Beerdigung des plötzlich verstorbenen Architekten *Paul Ludwig Troost* nach München flog[58], auf den 25. Januar verschoben[59].

Die im Reichsinnenministerium erstellte Einladungsliste[60] nannte in der hier beibehaltenen Reihenfolge zuerst den Reichsbischof *Müller* und sodann, untereinander aufgeführt, je 7 Repräsentanten der beiden gegnerischen Lager, in der ersten Gruppe die Landesbischöfe *Meiser* (Bayern) und *Wurm* (Württemberg), Rektor *Lauerer* (Neuendettelsau), die Landesbischöfe *Schöffel* (Hamburg) und *Marahrens* (Hannover), Präses *Koch* (Westfalen) und Pastor *Niemöller* (Dahlem), in der zweiten Gruppe den Theologieprofessor *Fezer* (Tübingen), den Landesbischof *Coch* (Sachsen), die »Kirchenminister«[61] *Beyer* (Greifswald) und *Weber* (Elberfeld), die Bischöfe *Oberheid* (Köln-Aachen) und *Adler* (Münster) sowie den Vizepräsidenten des Landeskirchenamts Kiel und DC-Reichsleiter

56 Einladungsschreiben, Abschrift BArch, R 43-II/161, fol. 293; Faksimile bei *Karnick/Richter*, Niemöller, S. 54.

57 Nach manchen Darstellungen soll der Kanzlerempfang zunächst auf den 17. Januar terminiert und dann zwei Mal verlegt worden sein, so auch *W. Niemöller*, Hitler, S. 35. Das kann schon deshalb nicht stimmen, weil der Empfang erst am 18. Januar verabredet worden war, *Kretschmar/Nicolaisen*, Dokument II 9/34 Anm. 2, S. 18f. Vermutlich beruht der Irrtum auf einer Verwechslung mit dem Termin, den *Hitler* zum Empfang des Reichsbischofs bestimmt, dann aber abgesagt hatte.

58 *Paul Ludwig Troost* (geb. 17.8.1878 gest. 21.1.1934) war ein von *Hitler* besonders geschätzter Architekt; er hatte u.a. das Bauensemble am Münchener Königsplatz (»Führerbau«, »Verwaltungsbau«) errichtet und auch die Umgestaltung des »Braunen Hauses«, der NSDAP-Parteizentrale, verantwortet, siehe *Timo Nüßlein*, »Troost, Paul« in: Neue Deutsche Biographie 26 (2016), S. 448 f., https://www.deutsche-biographie.de/pnd118913522.html#ndbcontent, aufgerufen am 7. Dezember 2021.

59 Telegramm z.B. an *Niemöller*, Faksimile bei *Karnick/Richter*, Niemöller, S. 54.

60 *Kretschmar/Nicolaisen*, Dokument II/34, S. 18 mit stichwortartigen Angaben zu den Personen, Anm. 1. Erst sollten 12 Teilnehmer eingeladen werden, *Conrad*, S. 64; dann hieß es, dass *Hitler* je 7 Vertreter der beiden Gruppen einladen wolle, *Meiser*, Verantwortung, Dokument 130, S. 216; Nennung und Gruppierung durch *Conrad* am 19. Januar, *Meiser*, Verantwortung, Dokument 134, S. 218.

61 Diese Amtsbezeichnung war nicht korrekt, weil sie im Zeitpunkt der Einladung dem »leergeräumten« Geistlichen Ministerium schon nicht mehr angehörten, Fn. 29f.

Kinder[62]. Das Schema, das dieser Reihenfolge zugrunde lag, war einfach: In der ersten Gruppe sollten die Repräsentanten der Bekenntnisfront, in der zweiten ihre Gegner, also Vertreter der DC, zusammengefasst sein. Doch so ganz stimmte diese Zuordnung nicht. *Lauerer*, eingereiht in die erste Gruppe, gehörte noch nicht so recht zur Bekenntnisfront, sondern blieb zunächst unentschieden[63], und die der zweiten Gruppe zugeschlagenen Theologen *Fezer* und *Weber* waren keine DC-Mitglieder mehr[64] – der Randvermerk »Deutsche Christen«, von Ministerialrat *Wienstein* in der Reichskanzlei neben die 7 letzten Namen gesetzt[65], traf nicht auf sie zu.

Die kirchenpolitische Opposition bereitet sich vor

Die Vorbereitungen der Eingeladenen auf den Empfang begannen, kaum dass die Einladung sie erreicht und die Einladungsliste die Runde gemacht hatte. Bis zum Mittwoch, 24. Januar, dem ersten, dann um einen Tag verschobenen Termin, blieb wenig Zeit. »Schon am Montag«, so *Scholder*[66],

62 Fehlerhafte Auflistung der Eingeladenen bei *Wurm*, Aufzeichnung, in: *Kretschmar/Nicolaisen,* Dokument II 9/34, S. 23; *Hermelink*, S. 66; darin fehlen *Adler, Lauerer* und *Oberheid,* dagegen sind fälschlich aufgeführt der »Präsident der Reformierten Kirche in Hannover« (*Koopmann*), der »Kirchenführer von Mecklenburg« und *Werner.* Zwar nahmen *Koopmann, Klaehn* (für Mecklenburg) und *Werner* am Empfang teil, sie hatten jedoch nicht auf der Einladungsliste gestanden.

63 *Scholder*, Bd. 2, S. 54 bezeichnet ihn als bis dahin »eher farblos und schwankend«, *Gauger*, S. 136, stellt ihn sogar fälschlich zu den Gegnern der Bekenntnisfront.

64 Beide galten nach ihrer Einstellung als »gemäßigte« DC. *Fezer* war noch bis zum 21. November 1933 Mitglied, *Weber* trat am 19. Dezember 1933 aus, *Weber* in: *Lekebusch*, S. 353; er ließ sich durch *Buttmann* versichern, dass er nicht als DC, sondern als (ehemaliger) Kirchenminister eingeladen sei, *v. Bülow*, Otto Weber, S. 143.

65 BArch, R 43-II/161, fol. 293; *Kretschmar/Nicolaisen*, Dokument II 9/34, S. 18.

66 *Scholder*, Bd. 2, S. 53.

Abb. 5: Hans Meiser

»traf der größte Teil der Gesprächsteilnehmer in Berlin ein, aber nicht nur sie. Nahezu alles, was Rang und Namen hatte in der evangelischen Kirche und auf die eine oder andere Weise an den Auseinandersetzungen des vergangenen Jahres beteiligt gewesen war, versammelte sich am Dienstag im Hospiz St. Michael«[67].

An diesem Dienstag, dem 23. Januar, fand vormittags die erste Besprechung der »nicht-deutschchristlichen« Kirchenführer mit Theologie-

67 Das Christliche Hospiz St. Michael in der Wilhelmstr. 34 war von der Reichskanzlei in der Wilhelmstr. 77 nur etwa 1 km entfernt und diente neben dem etwas weiter entfernten Christlichen Hospiz in der Mittelstr. 5–6 häufig als Versammlungsort evangelischer Kirchenvertreter.

professoren und Vertretern des Pfarrernotbunds statt[68]. Zu den 24 Teilnehmern gehörten u.a. die Landesbischöfe *Meiser, Wurm* und *Schöffel*, 6 Vertreter des Notbunds, darunter *Niemöller*, und 11 Theologieprofessoren, unter ihnen auch einige Anhänger der deutschchristlichen Richtung, die zur »Frontverbreiterung« hinzugezogen worden waren, so der ehemalige Kirchenminister *Beyer*[69] und die früheren, nach dem »Sportpalastskandal« ausgetretenen DC-Mitglieder *Fezer, Gogarten* und *Kittel*. Die Aussprache wurde von *Meiser* geleitet. Als erster Sprecher erstattete *Beyer* einen Lagebericht, betonte die Notwendigkeit einer Einigung und plädierte für die schriftliche Fixierung eines personellen und sachlichen Programms, das vor dem Empfang in den Händen des Kanzlers sein müsse. Es sei nötig, ein grundsätzliches Wort über Kirche und Staat zu sagen, ein Aufbauprogramm zu entwickeln und die dafür in Frage kommenden Personen zu nennen, ein neues Geistliches Ministerium einzusetzen, das im Einvernehmen mit der Bischofskonferenz[70] zu arbeiten habe, und statt der Synoden die beratenden Kammern[71] in die Aufbauarbeit einzubeziehen; am Schluss müsse eine neue Kirchenverfassung stehen.

In der Folge erhielt *Meiser* allgemeine Zustimmung für das Votum, dass Reichsbischof, *Jäger* und *Oberheid* »fallen« müssten, die Notverordnung (der »Maulkorberlass«) abzulehnen sei, ebenso auch die Bestimmung des Verhältnisses von Staat und Kirche »im Sinne *Oberheids*«[72]. War man

68 *Meiser*, Verantwortung, Dokumente 139–141, S. 221–238; *Baier*, Das Verhalten der lutherischen Bischöfe, S. 102 ff.; *Scholder*, Bd. 2, S. 54 ff., und *J. Schmidt*, S. 167 f.

69 *Hermann Wolfgang Beyer* (Greifswald) war erklärtes DC-Mitglied, *Beyer*, Im Kampf, S. 188: »wir Deutsche Christen«.

70 Kürzel für die Gesamtheit der Landesbischöfe als Inhaber des Vorschlagsrechts für die theologischen Mitglieder des Geistlichen Ministeriums, Art. 7 Nr. 4 Satz 2 DEK-Verfassung.

71 Art 5 Nr. 4 DEK-Verfassung.

72 *Meiser*, Verantwortung, Dokument 139, S. 224. »Im Sinne Oberheids« heißt: im Sinne einer staatskirchlichen Konzeption, wie sie der Reichsbischof bei seinem Empfang durch *Hindenburg* am 11. Januar vertreten hatte; bei diesem Anlass hatte er dafür plädiert, ein staatliches Mitwirkungs- oder Aufsichtsrecht über die Evangelische Kirche einzuführen, und die Absicht geäußert, dem Reichspräsidenten einen entsprechenden Vorschlag zu unterbreiten, *Kretschmar/Nicolaisen*, Dokument II 3/34, S. 8.

sich über diese Punkte rasch einig geworden, so gelang es doch nicht, gemeinsam auch eine positive Plattform zu finden, die es erlaubt hätte, sich gegenüber *Hitler* als breite Einheitsfront zu präsentieren. Angesichts der Beteiligung von ehemaligen DC-Mitgliedern, die ihren theologischen Standpunkt auch nach dem Austritt keineswegs aufgegeben hatten, war anderes auch kaum zu erwarten. Die Redebeiträge ergeben ein kaleidoskopisches Bild. Aber es gab auch Übereinstimmungen. Pfarrer *Held* (Essen) von der rheinischen Pfarrbruderschaft meinte, die größte Not der Pfarrer sei, dass sie dem Staat als reaktionär erscheinen müssten, solange dieser Staat »die völkische Weltanschauung zu der seinigen« mache[73], und befand sich damit auf einer Linie mit *Lauerer,* der die Ansicht vertrat, die Kirche dürfe die Regelung ihrer äußeren Angelegenheiten diesem Staat, der den »Anspruch der Totalität«[74] erhebe, wegen dessen weltanschaulicher Bindung nicht überantworten, die ideale Lösung einer Zusammenarbeit von Kirche und Staat sei nicht mehr möglich, weil der Staat in Gefahr sei, »sich einem Nationalsozialismus auszuliefern, der weltanschaulich vom Christentum« abführe[75]. Auch *Niemöller* schloss auf Dauer ein »Nebeneinander zwischen (!) evangelischem Christentum und einer verkappten völkischen Weltanschauung« aus, erklärte jedoch, es komme darauf an, den maßgebenden Stellen deutlich zu machen, dass es ein Staatsinteresse daran gebe, der Kirche nicht ihre Existenzmöglichkeit zu nehmen; dabei setzte er ganz auf den »Führer«, der davon überzeugt werden müsse, dass »er uns«, also der Kirche, »den nötigen Lebensraum gibt«, und erklärte seine Grundhaltung mit einem Satz, der vorwegnahm, was er *Hitler* dann auch beim Empfang sagen wird: »Die Sorge für uns ist heute die Sorge um Staat und Volk«[76].

73 *Meiser,* Verantwortung, Dokument 139, S. 226.

74 *Meiser,* Verantwortung, Dokument 139, S. 225; gemeint ist der Anspruch des NS-Staats auf allumfassende Durchsetzung der ihn fundierenden Weltanschauung. *Lauerer* nannte hier die totalitäre Ideologie nationalsozialistischer Herrschaft beim Namen.

75 *Meiser,* Verantwortung, Dokument 139, S. 228.

76 *Meiser,* Verantwortung, Dokument 139, S. 223 f. und 230.

Am Nachmittag wurde die Besprechung im kleineren Kreis[77] fortgesetzt. Im Anschluss an seine Ausführungen vom Vormittag formulierte *Beyer* konkrete Forderungen zur künftigen Organisation der Reichskirche, ihrer Verfassung und der Zusammensetzung ihrer Organe, zur Sanierung der Landeskirchen und zur Regelung der Beziehungen zwischen Kirche und Staat; Zustimmung fand ein 7-Punkte-Programm mit folgenden, teilweise schon am Vormittag akzeptierten Zielvorgaben:

1. Amtsniederlegung des Reichsbischofs,
2. Neuerrichtung des Geistlichen Ministeriums,
3. Erlass eines Stellvertretergesetzes,
4. Aufhebung der Notverordnung,
5. Wiederherstellung der Ordnung in den Landeskirchen,
6. Verständigung mit dem Reich und
7. Verhandlungen über eine Regelung des Verhältnisses zwischen Kirche und Staat[78].

Am Abend stand das Memorandum, das *Hitler* vorgelegt werden sollte, zur Beratung an[79]. Hierzu hatten sich inzwischen zwei neue Teilnehmer eingefunden, *Hermann Albert Hesse,* der Moderator des Reformierten Bundes, und – als Bevollmächtigter dieses Bundes – der Bonner Theologe *Karl Barth*; sie waren am selben Tag angereist, um im Vorfeld des Kanzlerempfangs namens der Reformierten einen sich abzeichnenden Kompromiss der Bekenntnisfront mit den DC-Vertretern zu verhindern[80]. Bei der Besprechung, an der sie nun teilnahmen, stellte *Fezer,* der das Memo-

77 *Meiser,* Verantwortung, Dokument 140 S. 234 ff. und *Scholder,* Bd. 2, S. 55.

78 *Meiser,* Verantwortung, Dokument 140, S. 237.

79 Ein Memorandum von *Werner* mit Material zu persönlichem Fehlverhalten des Reichsbischofs und seiner Berater, das *Conrad* am 16. Januar 1934 *Meissner* abschriftlich zugeleitet hatte, BArch R 601/713, fol. 125 ff., wurde von *Hitler* beim Empfang heftig kritisiert; hierzu *W. Niemöller,* Hitler, S. 22; *Conrad,* S. 64; *Meiser,* Verantwortung, Dokumente 121, 123, S. 211, 213.

80 Zur Entwicklung dieser Intervention der Reformierten des Westens: *Hesse* in: *Lekebusch,* S. 358 ff.; Auszüge und Teilzusammenfassungen seiner Niederschrift bei *W. Niemöller,* Hitler, S. 23 ff.; zur Ablehnung von Kompromissen mit den DC auch *J. Meier,* S. 158.

randum erarbeiten sollte, den grundsätzlichen Teil seines Entwurfs den Versammelten vor[81]. Als er dabei wiederum seine DC-Theologie vertrat, Gemeinsamkeiten zwischen Kirche und NS-Staat hervorhob und – mit *Gogarten* und *Kittel* – die »völkische Erhebung« des Jahres 1933 als Offenbarungsgeschehen deutete, traf er bei *Barth* auf entschiedenen Widerspruch. Es entwickelte sich eine Kontroverse, die an Schärfe zunahm, als auch noch der Vorschlag aufkam, das Memorandum mit einem Dank an Gott beginnen zu lassen, »für alles, was er im Jahre 1933 dem deutschen Volk durch *Hitler* getan« habe. *Barth* lehnte schließlich im Namen der Reformierten den Entwurf ab, begründete dies und rief *Fezer* zu: »Ihr habt einen anderen Glauben, einen anderen Geist, einen anderen Gott!«[82]. Dies löste einen Eklat aus, der fast zum Abbruch der Beratungen geführt hätte.

Am 24. Januar wurden diese jedoch wieder aufgenommen. Nachdem *Fezers* Memorandumsentwurf gescheitert war, diskutierten die Versammelten Entwürfe von *Schöffel*, *Lauerer* und *Barth*[83], konnten sich aber mit keinem in allen Punkten einverstanden erklären. Daher wurde zur Abfassung eines weiteren Entwurfs eine Kommission, bestehend aus *Beyer*, *Meinzolt*[84] und *Niemöller*, eingesetzt[85]; im Verein mit den beiden anderen Beauftragten gelang es *Niemöller*, die von *Lauerer* vorgelegte

81 Zum Folgenden *Scholder*, Bd. 2, S. 56; *J. Schmidt*, S. 168; *K. Meier*, S. 161; *Hesse* in: *Lekebusch*, S. 361 f.

82 *Meiser*, Verantwortung, Dokument 141, S. 238 und Anm. 2; *Hesse* in: *Lekebusch*, S. 361; *Scholder*, Bd. 2, S. 56 Anm. 94. In diesem Kreis war wohl für alle erkennbar, dass *Barth* damit an die Worte *Luthers* anknüpfte, die er nach dem Bericht *Osianders* bei dem Marburger Religionsgespräch 1529 an den Straßburger Reformator *Bucer* gerichtet hatte: »ich bin euer herr nicht, euer richter nicht, euer lerer auch nicht, so reymet sich unser gayßt und euer gayst nichts zusamen, sonder ist offenbar, das wir nicht ainerley gayst haben«, *May* (Hg.), Das Marburger Religionsgespräch 1529, S. 51, 56.

83 Abgedruckt bei *W. Niemöller*, Hitler, S. 26 f. Fn. 30; die Entwürfe von *Fezer*, *Schöffel* und *Lauerer* sind anscheinend nicht erhalten.

84 *Meiser*, Verantwortung, Dokument 141, S. 238; Oberkirchenrat *Hans Meinzolt* war seinerzeit Mitglied des Münchener Landeskirchenrats.

85 *Meiser*, Verantwortung, Dokument 142, S. 239 Anm. 2.

Fassung anhand des von *Barth* verfassten Entwurfs so zu überarbeiten, dass sie in der Nacht zum 25. Januar allgemeine Billigung fand[86].

Dies Memorandum[87], von den 11 Unterzeichnern[88] an den »Hochverehrten Herrn Reichskanzler« adressiert, begann mit einer Loyalitätsbekundung und ging von der Annahme aus, dass die herrschenden Verwirrungen und Kämpfe ihre Ursache nicht etwa in mangelnder Aufgeschlossenheit der Kirchenführer und des Kirchenvolks für den Nationalsozialismus hätten, vielmehr darauf zurückzuführen seien, dass die Kirche ihre eigentliche Aufgabe, nur das reine Evangelium zu verkündigen, nicht entschieden genug »gewahrt« habe. Das Bestreben, Kirche und Volk in engste Verbindung zu bringen, habe zu einem »erschütternden Mißerfolg« geführt. Man habe dem Volk das Evangelium neu sagen wollen und etwas verkündet, was bekenntniswidrig gewesen sei. Man habe Führung aufrichten wollen, und daraus sei ein Regiment geworden, das sich nur noch mit Gewalt und Notverordnungen habe halten können. Zur Führung berufene Männer hätten versagt. Es müsse jetzt grundlegend Wandel geschaffen werden. Dringend sei jedoch davor zu warnen, die Lösung in der Errichtung einer Staatskirche zu suchen – die Schwierigkeiten würden dadurch nur noch verschärft. Die einzige Möglichkeit, die Kirche wieder zu ordnen und damit frei zu machen für ihren Dienst an Staat und Volk, sei die Wiederherstellung des Vertrauens. »Schenken Sie uns«, so baten die Unterzeichner den Kanzler zum Schluss, »das Vertrauen und machen Sie die Bahn frei, diese letzte Möglichkeit in die Tat umzusetzen«.

86 *Meiser*, Verantwortung, Dokument 142, S. 239 Anm. 3, und *Hesse* in: *Lekebusch*, S. 363, aus dessen Bericht hervorgeht, dass er entgegen der Darstellung von *K. Meier*, S. 162, nicht an der Formulierung der Endfassung beteiligt war.

87 Anhang V, BArch, R 601/713, fol. 165 ff., abgedruckt auch bei *W. Niemöller*, Hitler, S. 28 ff.

88 Es unterschrieben *Beyer, Fezer, Koch, Koopmann, Lauerer, Marahrens, Meiser, Niemöller, Schöffel, Werner* und *Wurm. Weber* unterschrieb nicht; er war den Besprechungen ferngeblieben und hatte vergeblich versucht, aus dem Kreis der zum Empfang Eingeladenen »herauszukommen«, *Hesse* in: *Lekebusch*, S. 363.

Dem Memorandum wurde ein Schriftstück[89] beigefügt, das weder als Anhang bezeichnet noch mit einer Überschrift oder Unterschriften versehen war, aber in Übereinstimmung mit dem von *Beyer* entworfenen und von der Versammlung gebilligten 7-Punkte-Programm folgende Forderungen und Bitten formulierte:

1. Sofortige Bildung eines neuen Geistlichen Ministeriums,
2. Gesetzliche Regelung der Vertretung des Reichsbischofs,
3. Rücktritt des Reichsbischofs, auch vom Amt des preußischen Landesbischofs[90],
4. Rücknahme der Notverordnung (»Maulkorberlass«), Niederschlagung aller allein daraus entstandenen Disziplinarverfahren, Bekanntgabe dieser Maßnahmen und Aufruf des Kirchenvolks zum gemeinsamen Aufbau der Gemeinde,
5. Wiederherstellung geordneter Verhältnisse in den Landeskirchen durch das Geistliche Ministerium,
6. Empfang des neuen Geistlichen Ministeriums bei dem Reichspräsidenten und dem Reichskanzler, der die Landesregierungen anweisen solle, in Übereinstimmung mit den Weisungen der Reichsregierung zu handeln, erneuter Hinweis auf das den untergeordneten Staats- und Parteistellen erteilte Einmischungsverbot, und

89 Es ist im Aktenkonvolut der Kanzlei des Reichspräsidenten BArch, R 601/713 unmittelbar hinter einer Abschrift des Memorandums (fol. 165–166) und direkt vor der Aktennotiz *Meissners* vom 25. Januar (fol. 170) eingeordnet (fol. 167–169). Der Wortlaut ist abgedruckt bei *W. Niemöller,* Hitler, S. 29 f., der eine Abschrift in den Handakten Niemöllers gefunden hat, Herkunft und Verwendung des Dokuments aber zu Unrecht für »gleichermaßen fraglich« erklärt (dazu sogleich). Siehe auch *J. Schmidt*, S. 170.

90 Hierzu heißt es: »Der Herr Reichsbischof hat, mit bedingt durch seine Kränklichkeit, die notwendigen Führereigenschaften so stark vermissen lassen und dadurch das Vertrauen des Kirchenvolkes und der Kirchenführer so weit verloren, daß unter seiner Führung die Bereinigung innerhalb der Deutschen Evangelischen Kirche und der Evangelischen Kirche der altpreußischen Union nicht mehr möglich erscheint *und daher sein Rücktritt sowohl vom Amt als Reichsbischof wie auch als Landesbischof von Preußen notwendig ist*«. Der kursiv gesetzte Satzteil ist dem ansonsten maschinenschriftlichen Text handschriftlich hinzugefügt.

7. Sofortige Verhandlungen des neuen Geistlichen Ministeriums mit der Reichsregierung zur Regelung des Verhältnisses zwischen Staat und evangelischer Kirche.

Am Vormittag des 25. Januar übergab *v. Bodelschwingh* im Auftrag der Versammlung eine Abschrift des Memorandums mitsamt dem unbezeichneten Schriftstück *Meissner*[91], der beide Schriftstücke *Hindenburg* überreichte. Dass er ihm auch das 7-Punkte-Papier übergab, damit dieser informiert sei und es beim Empfang *Hitlers* verwenden könne, ist zwar nicht belegt, steht aber gleichwohl fest; denn aus den allgemein gehaltenen Formulierungen des Memorandums waren die konkreten Forderungen der Unterzeichner nicht abzulesen, und *Hindenburg* sollte sie ja *Hitler* vortragen. Unklar ist jedoch, was mit der für *Hitler* bestimmten Urschrift des Memorandums geschah. Vielleicht gab *v. Bodelschwingh* sie im benachbarten Reichskanzleramt ab, möglich ist aber auch, dass er sie – der Eile und Einfachheit halber – ebenfalls *Meissner* aushändigte, damit dieser sie *Hitler* zu Beginn des Empfangs beim Reichspräsidenten überreiche. Sicherlich hat *Hitler* das Memorandum, auch wenn er es beim Empfang der Kirchenführer nicht ausdrücklich erwähnt, noch vorher gelesen. Dass er mit dem Memorandum zugleich auch das 7-Punkte-Papier – original oder in Abschrift – erhalten hat, ist dagegen unwahrscheinlich: näher liegt die Annahme, dass dieses Papier nur für *Hindenburg* bestimmt war und allein ihm übergeben wurde, damit er *Hitler* über die darin enthaltenen Forderungen der Unterzeichner mündlich ins Bild setze.

Damit hatten die Unterzeichner des Memorandums die Entscheidung jedenfalls in die Hände *Hitlers* gelegt. Sie erhofften von ihm, dass er unter dem Eindruck des Memorandums und der von *Hindenburg* vorzutragenden Forderungen des 7-Punkte-Papiers den Reichsbischof seines Amtes entheben und so den Weg zu einer Erneuerung der Kirche ebnen werde.

91 Auf der Abschrift des Memorandums findet sich der Vermerk »Von Hr. v. Bodelschwingh heute übergeben« mit dem Datum »25.I.« und der Paraphe *Meissners*, BArch, R 601/713, fol. 165.

Auch die Gegner rüsten sich für den Empfang

Dass auch die Gegner der nun erweiterten Bekenntnisfront sich für den Kanzlerempfang rüsten würden, war von vornherein klar. Sie hatten das sogar als erste getan. Das vorbezeichnete Memorandum sollte nach dem Vorschlag *Beyers* vom 23. Januar eine »Denkschrift Jäger – Oberheid aus dem Felde … schlagen«[92], die also schon vorhanden und bekannt gewesen sein muss. Während die DC-Mitglieder *Adler* und *Coch* schriftlich nichts Nachweisbares beisteuerten, verfasste *Christian Kinder*, der neue Reichsleiter der DC, unter dem Datum vom 23. Januar ein umfängliches Memorandum für *Hitler*, dem er seine Ausführungen noch am 25. Januar, vermutlich vor dem Empfang, persönlich vortrug[93]. Anders als dasjenige der kirchlichen Opposition enthielt *Kinders* Memorandum keine Bitte an den Reichskanzler, sondern war – trotz offensichtlichen Bezugs zum Kanzlerempfang – eine bloße Stellungnahme zu einigen Grundsatzfragen des Kirchenstreits; es wandte sich, durchsetzt mit wortreicher NS-Phraseologie, erklärtermaßen gegen den Pfarrernotbund, der grundlos das Bekenntnis gefährdet sehe, die Spaltung der Kirche durch Gründung einer Freikirche androhe, die Kirchenwahlen vom Juli 1933 und damit den »Führer« angreife, trotz gegenteiliger Beteuerungen nicht auf dem Boden des Nationalsozialismus stehe, vielmehr dessen Grundsätze zur »Rassenfrage« missachte, der »Greuelpropaganda« der Auslandspresse Vorschub geleistet habe, den DC fälschlich Machtpolitik vorwerfe, den »Führergedanken« ablehne und den Sturz des Reichsbischofs anstrebe,

92 *Meiser*, Verantwortung, Dokument 139, S. 222; Diese Denkschrift ist nicht im Wortlaut erhalten, auch nicht datierbar, soll aber – kaum überraschend – für ein staatskirchliches Konzept geworben haben und vom Münchener Kirchenrechtler *Johannes Heckel* mitverantwortet worden sein; *Meiser*, Verantwortung, Dokument 138, S. 220, mit näheren Angaben in Anm. 2.

93 BArch, R 43-II/161, fol. 310 f., 312 ff.; abgedruckt bei *Glenthøj*, S. 76 ff.

der doch, »in seiner Person die nationalsozialistische Haltung in den äußeren Formen der Kirche« verkörpernd, die überwältigende Mehrheit des Kirchenvolks hinter sich habe[94].

Dass die DC-Seite mit ihren schriftlichen Darlegungen[95] *Hitler* besonders beeindruckt hätte, ist zu bezweifeln. Wesentlich größer war jedenfalls die Wirkung, die der Reichsbischof dadurch erzielte, dass er seine politischen Verbündeten mobilisierte, insbesondere Verbindungen zu *Hermann Göring*, dem preußischen Ministerpräsidenten, knüpfte und dessen Unterstützung gewann[96]. Schon am 20. Januar[97] ließ sich *Göring* bei *Hitler* melden, hielt ihm Vortrag zur kirchenpolitischen Lage und bezichtigte dabei die kirchliche Opposition reaktionärer und staatsgefährdender Umtriebe. Als *Hitler* die Vorlage zusätzlichen Beweismaterials forderte, machte sich *Göring* sofort ans Werk. Noch am selben Tag, dem 20. Januar, ließ er durch das ihm unterstellte Geheime Staatspolizeiamt alle Staatspolizeistellen telegraphisch ersuchen, sofort eine Zusammenstellung derjenigen Zwischenfälle und Äußerungen im Kirchenstreit vor-

94 Dem Memorandum beigefügt war eine Aufstellung der Mitgliederzahlen aller 28 Landeskirchen, geordnet danach, ob sie auf der Seite des Reichsbischofs oder in Opposition zu ihm standen. Bestimmt man die Haltung sämtlicher Mitglieder einer Kirche nach der ihres Kirchenführers, so ergibt sich wegen der Mitgliederstärke der preußischen Kirche, deren Landesbischof der Reichsbischof war, zwar eine Mehrheit für ihn, aber nicht annähernd das im Anschreiben behauptete Mehrheitsverhältnis von 4,8 zu 1, das aus den Ausgangszahlen der Anlage nicht ableitbar ist, *Glenthøj*, S. 77, 84 f.

95 Außer *Kinders* Memorandum, z.B. das Schreiben des Greifswalder DC-Kreisleiters *Borlec* vom 18. Januar, wonach das dortige Kirchenvolk »in unerschütterlicher Treue hinter dem Reichsbischof« stehe, abgedruckt bei *Glenthøj*, S. 75.

96 *Scholder*, Bd. 2, S. 50 ff. mit Einzelheiten, u.a. der Glückwunschadresse des Reichsbischofs vom 12. Januar an *Göring*, der an diesem Tag seinen Geburtstag beging. Ob am Geburtstagsfrühstück außer *Oberheid* – wie *Scholder*, S. 51 meint – auch der Reichsbischof teilnahm, ist fraglich. Dagegen spricht die Schriftform der Gratulation, außerdem sein Schreiben an *Frick* vom 15. Januar, *Glenthøj*, S. 73 f.; daraus geht hervor, dass er von der Entsendung *Buttmanns* zur Besprechung vom 13. Januar erst nach dem Frühstück durch *Oberheid*, der das bei diesem Anlass von *Meissner* erfahren hatte, unterrichtet worden ist.

97 Dieses Datum ergibt sich aus dem Text des telegraphischen »Ersuchens«, wo es am Ende heißt »Funkspruch ist Resultat heutigen Vortrags beim Führer«.

zulegen, die »zweifellos keine theologische Meinungsäußerung, sondern offener oder versteckter Angriff auf Bewegung oder Staat« seien[98]. Die Gestapo enttäuschte ihn nicht. So konnte er bereits mit Schreiben vom 24. Januar[99] *Hitler* die »gewünschte« Zusammenstellung von Material übermitteln, das er zum Teil schon vor dem 20. Januar gesammelt hatte und noch nach Abfassung seines Schreibens ergänzte; es verteilte sich schließlich auf zwei Mappen, die in den Akten der Reichskanzlei erhalten geblieben sind (»Göring-Mappen«). Die eine Mappe enthielt unter dem Titel »Politische Ausschreitungen evangelischer Geistlicher« 28 Berichte von Staatspolizeistellen, die andere versammelte unter dem Titel »Ausschnitte ausländischer Zeitungen« 32 entsprechende Belege[100]. Das Material der ersten Mappe sollte den Notbund als Hort reaktionärer Kräfte diskreditieren, war in seinen Einzelheiten zwar kaum dazu geeignet, konnte aber in seiner Gesamtheit bei einem ohnehin voreingenommenen Empfänger einen schon aufgekommenen Verdacht tendenziell durchaus verstärken. Flankierend hinzu kamen Hasstiraden der NS-Presse und feindselige Aktionen ranghoher Parteichargen gegen die Bekenntnisfront, wofür exemplarisch ein Schreiben steht, das der württembergische Reichsstatthalter *Wilhelm Murr* am 22. Januar an *Hitler* richtete: Darin bezeichnete er die dortige Landeskirchenleitung als staatsfeindlich und verlangte die Ablösung von Landesbischof *Wurm*, um sich später von der Reichskanzlei bestätigen zu lassen, dass seine Eingabe beim Kanzlerempfang berücksichtigt worden sei[101].

98 *Kretschmar/Nicolaisen*, Dokument II 9/34, S. 19; abgedruckt auch bei *Glenthøj*, S. 85; das Ersuchen gab Beispiele (Verbot des »deutschen Grußes«, Entfernung nationaler Symbole, Herabsetzung des Führers etc.), nannte den Verwendungszweck (Zusammenstellung einer vom Reichskanzler geforderten Denkschrift) und drängte zur Eile (»spätestens in 5 Tagen«).

99 *Kretschmar/Nicolaisen*, Dokument II 9/34, S. 19, abgedruckt auch bei *Glenthøj*, S. 85.

100 BArch, R 43-II/161a. Näheres zum Inhalt der Mappen, zur Entstehung, Sammlung und Übermittlung der darin enthaltenen Informationen bei *Glenthøj*, S. 86, 60 Fn. 24.

101 *J. Meier*, S. 160.

Erwartungen und Absichten

Die Erwartungen und Absichten, welche die Beteiligten an den bevorstehenden Kanzlerempfang knüpften, waren recht unterschiedlich.

Der Gegenstand der Besprechung stand – ungeachtet seiner neutralen Bezeichnung (»Zur Lage der Deutschen Evangelischen Kirche«) – fest: Es ging um die Frage, ob der Reichsbischof im Amt bleiben oder abgesetzt werden solle und mit welchen Personen das Geistliche Ministerium, das (wie ein Firmenmantel) nur noch als leere Hülse fortbestand, zu besetzen sei. Dabei waren die Fronten klar[102]. Auf der einen Seite standen Reichsbischof und DC für die einstweilige Erhaltung des *Status quo* mit der Absicht, das Geistliche Ministerium und weitere kirchliche Ämter soweit wie möglich mit eigenem Personal zu fluten, um danach das Projekt einer Staatskirche[103] anzugehen, die bei Ausschaltung der landeskirchlichen Autonomie eine zentrale Einheitskirche werden sollte. Hinzuzurechnen war auf der staatlichen Ebene der preußische Ministerpräsident *Hermann Göring* mit dem ihm unterstellten Polizeiapparat. Auf der anderen Seite standen die Unterzeichner des Memorandums vom 25. Januar, deren Gesamtheit kurz ›Memorandumsbündnis‹ genannt werden kann, mit ihren Unterstützern im Reichsinnenministerium und dem mehr erhofften als erlangten Beistand des Reichspräsidenten[104].

102 Welche Positionen die Beteiligten auf beiden Seiten gegenüber dem Reichsbischof in der Frage der Staatskirche und im Verhältnis zueinander einnahmen, beschreibt *Glenthøj*, S. 56.

103 Gegner dieses Projekts waren der Notbund und die nicht-deutschchristlichen Landeskirchen, vor allem die lutherischen Landeskirchen in Bayern, Württemberg und Hannover, *Glenthøj*, S. 56; *Kinder*, Neue Beiträge, S. 43, teilweise abgedruckt bei *Kretschmar/Nicolaisen*, Dokument II/34, S. 31, und *Klügel*, Die lutherische Landeskirche, S. 23.

104 Der weithin überschätzte Beistand *Hindenburgs* beschränkte sich bis zu seinem Empfang für *Hitler* am 25. Januar auf unverbindliche Bekundungen seiner Sorge um den Kirchenfrieden nach dem Muster des St. Anton in *Morgensterns* Gedicht ›Der Hecht‹, in: *Christian Morgenstern*, Stuttgart 1990; Werke und Briefe, Bd. III, S. 98: »Doch Sankt Antōn, gerufen eilig,/sprach nichts als: Heilig! heilig! heilig!«

Die vom ›Memorandumsbündnis‹ angeführte Front hatte in diesem Spiel von vornherein die schlechteren Karten. Dafür gab es mehrere Gründe. Zum einen ist derjenige, der etwas verändern will, ohnehin meist demjenigen gegenüber im Nachteil, der den bestehenden Zustand verteidigt, der Belagerer hat es oft schwerer als eine gut gerüstete und wohlversorgte Burgbesatzung. Zum anderen erwartete das Bündnis von *Hitler* etwas, was *rechtlich* unmöglich war. Die DEK-Verfassung sah keinen Mechanismus zur Absetzung eines einmal gewählten Reichsbischofs vor, er blieb lebenslänglich im Amt, und selbst wenn man die Wahl eines neuen Reichsbischofs als konkludente Abwahl des alten gedeutet hätte, wäre dies Sache der Nationalsynode gewesen, nicht die des Reichskanzlers. Allerdings hätte dies *Hitler* kaum daran gehindert, den Reichsbischof aus dem Amt zu drängen, hätte er das denn gewollt. Zum dritten waren Macht und Einfluss des Bündnisses durch seine heterogene Zusammensetzung erheblich gemindert. Was die »Frontverbreiterung« an Masse gebracht hatte, war an Klasse verloren gegangen. Die Partner stimmten – trotz des 7-Punkte-Programms – im Grunde nur darin überein, dass der Reichsbischof »fallen« müsse und die Errichtung einer vom Staat mitgestalteten und überwachten Einheitskirche abzulehnen sei. Aber schon im Verhältnis zur bestehenden Reichskirche gab es gegensätzliche Tendenzen. Die lutherischen Landeskirchen waren auf weitestgehende Bewahrung ihrer Selbstständigkeit bedacht und hatten für die Stärkung einer zentralen, »multikonfessionellen« Reichskirche wenig übrig. Der Notbund kam mit der geltenden DEK-Verfassung ganz gut zurecht. Der ehemalige DC-Kirchenminister *Beyer* trat dagegen als Wortführer bei der Besprechung vom 23. Januar für einen Neubau der Reichskirche ein, bei dem den Synoden keine tragende Rolle mehr zukommen sollte. Zu solchen kirchenpolitischen Differenzen kamen die Unterschiede der Bündnispartner in ihrer konfessionellen und theologischen Ausrichtung; sie brachen nicht nur im spektakulären Zusammenstoß zwischen *Barth* und *Fezer* auf, sondern traten auch darin zutage, dass sich Vertreter der lutherischen Landeskirchen eine begrenzte Zusammenarbeit mit der »gemäßigten« Fraktion der DC durchaus vorstellen konnten, was für den Notbund

und den größten Teil der Reformierten grundsätzlich ein ›No go‹ war[105]. Viertens hatte die vom ›Memorandumsbündnis‹ angeführte Front für den Fall, dass *Hitler* den Reichsbischof nicht aus dem Amt drängen würde, kein gemeinsames Handlungskonzept, keinen ›Plan B‹. Fünftens und letztens war die Front gegenüber dem Reichsbischof und seinen Unterstützern noch aus einem ganz banalen Grund im Nachteil: Während sie selbst aus ihren Absichten und Bemühungen keinen Hehl machte, spielten ihre Gegner mit verdeckten Karten: Weder im Reichsinnenministerium noch im ›Memorandumsbündnis‹ hatte man von den Aktivitäten *Görings* und seiner Helfer Kenntnis. Nicht einmal über den äußeren Ablauf des Empfangs waren bis kurz vor seinem Beginn alle Vertreter der Oppositionsfront im Bilde. Das ergibt sich aus den Tagebucheintragungen *Hesses* vom 25. Januar, in denen er ein Gespräch mit *Weber*, einem der Eingeladenen, referiert[106]; dieses Gespräch, so *Hesse*, habe gegen 11 Uhr begonnen, anderthalb Stunden gedauert (also erst eine halbe Stunde vor Beginn des Empfangs geendet) und sich »wesentlich auf den mutmaßlichen Gang der Dinge beschränkt«; *Weber*, so heißt es dann weiter, habe gemeint, »um 1 Uhr würde nicht der Kanzler, sondern Heß erscheinen, eine Rede halten und eine andere anhören. Dann komme eine zweistündige Pause, hinterher würden einzelne aus den 14 (zu ergänzen: eingeladenen Kirchenführern) zu Hitler gerufen, der wohl einen eigenen Kabinettsvorschlag (zu ergänzen: für die personelle Besetzung der aus Reichsbischof und Geistlichem Ministerium bestehenden Reichskirchenregierung) machen werde …«

Hitlers Erwartungen und Absichten waren insoweit klar, als er den Empfang der Kirchenführer dazu bestimmt hatte, noch einmal den Versuch einer Verständigung zwischen den streitenden Parteien zu machen.

105 So z.B. *Karl Barth*, der schon bei der Pfarrerversammlung vom 31. Oktober 1933 im Haus des Berliner Notbundpfarrers *Gerhard Jacobi* jede Beteiligung an der DC-geführten Kirchenregierung oder gemeinsame Übernahme von Verantwortung mit den DC kategorisch abgelehnt hatte, *W. Niemöller*, Wort und Tat, S. 71ff., insbesondere S. 73.

106 *Hesse* in: *Lekebusch*, S. 358ff., hier S. 365.

Dass es ihm damit ernst war, lässt sich schwerlich bezweifeln. *Scholder* weist darauf hin, dass er am Vormittag des 25. Januar noch den polnischen Gesandten *Josef Lipski* zur Besprechung der letzten Einzelheiten des deutsch-polnischen Nichtangriffsabkommens[107] empfangen hatte und zugleich seine große Rede zum ersten Jahrestag der »Machtergreifung« am 30. Januar 1934 vorbereitete; sowohl unter außen- als auch unter innenpolitischem Aspekt habe *Hitler* »an einer möglichst schnellen und geräuschlosen Beendigung des Kirchenstreites gelegen sein« müssen[108]. Das trifft sicherlich zu. Eine Absage der schon angekündigten Verständigung oder ihr Scheitern hätte die Erfolgsbilanz, die er in seiner Jubiläumsrede zu ziehen gedachte, erheblich getrübt. Zudem befand sich das NS-Regime nach knapp einem Jahr trotz rasant vorangetriebener Gleichschaltung in Staat und Gesellschaft noch immer im Stadium der Konsolidierung, derem Fortgang die andauernden Streitigkeiten in der evangelischen Kirche störend im Wege standen. Ohnehin war für *Hitler*, der auf das Einheits- und Führerprinzip schwor (»Ein Volk, ein Reich, ein Führer«), die »Zerrissenheit« der evangelischen Kirche ein Greuel, so wie ihm auch die Vielgestaltigkeit ihrer landeskirchlichen Erscheinungsformen in höchstem Maße missfiel. Bevor aber die Gründung einer echten Staatskirche[109] ins Werk gesetzt werden konnte, war es nötig, zunächst dem Streit in der bestehenden Kirche ein Ende zu machen, um im Reich möglichst rasch Ruhe einkehren zu lassen. Dazu mussten die radikalen, den Streit am meisten befeuernden Kräfte auf beiden Seiten ausgeschaltet

107 Zum politischen Hintergrund dieses am 26. Januar 1934 unterzeichneten Abkommens: *Roos*, Geschichte der Polnischen Nation, S. 132 ff.; *Kershaw*, Hitler, S. 683 f.

108 *Scholder*, Bd. 2, S. 57 f.

109 In seiner Rede zum Jahrestag der »Machtergreifung« am 30. Januar 1934 hat *Hitler* ausgeführt: »Wir alle leben ... in der Erwartung, daß der Zusammenschluß der evangelischen Landeskirchen und Bekenntnisse zu einer Deutschen evangelischen Reichskirche dem Sehnen jener eine wirkliche Befriedigung geben möge ...«, *Gauger*, S. 140. Ob er damit die schon gegründete DEK oder eine erst noch neu zu gründende Reichskirche meinte, ist nicht ganz klar, der Charakter der Rede als Erfolgsbilanz spricht eher für die erste Lesart.

werden. Auf Seiten der DC hatte dies ihr radikaler Flügel um *Hossenfelder* beim »Sportpalastskandal« schon selber besorgt. Auf Seiten der Bekenntnisfront gab es jedoch den als »reaktionär« verschrienen, (dank seiner Verwurzelung im Evangelium auch im Wortsinn) radikalen Pfarrernotbund. So erklärt sich zwanglos, warum *Hitler* – genauso wie *Kinder* und *Göring* – nicht etwa die bekenntnistreuen Landesbischöfe, sondern den Notbund als Hauptgegner ausmachte und ins Visier nahm[110]. In der Aktennotiz, die *Meissner* am 25. Januar über das zwischen *Hindenburg* und *Hitler* kurz vor dem Kanzlerempfang geführte Gespräch gefertigt hat[111], heißt es:

> »Der Reichskanzler betonte ..., dass der Pfarrernotbund vielfach eine mehr politische wie kirchliche Tätigkeit entfalte, was nicht geduldet werden könne, namentlich, da der Pfarrernotbund nicht sehr viel vom Kirchenvolk hinter sich habe; wenn der Pfarrernotbund seine Tätigkeit nicht einstelle, müsse die Regierung aus Autoritätsgründen gegen ihn vorgehen.«

Hindenburg empfängt Hitler

Steht hiernach einerseits fest, dass *Hitler* vor dem Empfang ernstlich gewillt war, auf eine Verständigung im Kirchenstreit hinzuwirken, ist andererseits aber auch sicher, dass er den ihm verhassten Pfarrernotbund ausschalten wollte, dann erhebt sich die Frage, wie er sich die geplante Verständigung vorstellte, insbesondere: ob und gegebenenfalls zu welchen Be-

110 Bei einer Besprechung mit *Meiser, Wurm* und *Pfeffer von Salomon* am 13. März 1934 hat *Hitler* laut *Meiser* erklärt: »Der Pfarrernotbund betreibe tatsächlich die Reaktion. Er kenne doch die Leute, die beim Pfarrernotbund sind. Das seien alles seine alten Gegner«, *Meiser,* Verantwortung, Dokument 144, S. 250 f.; auch *Kretschmar/Nicolaisen,* Dokument II 21/34, S. 79 f.

111 Aktennotiz *Meissner* vom 25. Januar 1934, BArch, R 601/713, fol. 170.

dingungen er bereit sein würde, den Reichsbischof fallen zu lassen. Das ist und bleibt ungewiss – eine befriedigende Antwort gibt es nicht.

Am 25. Januar, dem Tag des Kanzlerempfangs, empfing *Hindenburg Hitler* mittags noch zu einem Vier-Augen-Gespräch. Nach der bereits zitierten Aktennotiz *Meissners*[112] bat er seinen Besucher, bei der bevorstehenden Besprechung mit den Kirchenführern »doch eine Verständigung zu versuchen«; weiter hat *Meissner* notiert:

> »Nach Meinung des Herrn Reichspräsidenten stehe die Person des Reichsbischofs einer solchen Verständigung im Wege, man dürfe die Einheit der Kirche nicht an einer Personenfrage scheitern lassen, und vielleicht gebe die Krankheit des Reichsbischofs und die Notwendigkeit eines längeren Urlaubs hier die Möglichkeit einer Lösung.
> Der Reichskanzler verwies demgegenüber darauf hin (!), dass die Personenfrage nicht entscheidend sei. Wichtiger sei, dass die Evangelische Kirche nicht länger dieses beschämende Bild der (!) Zwiespalt böte. Er werde mit allem Nachdruck auf eine Verständigung hinwirken.«

Die zitierte Passage macht deutlich, dass *Hitler* dem unmissverständlich vorgebrachten Ansinnen *Hindenburgs* auswich: Er schob die Frage nach dem Schicksal des Reichsbischofs einfach beiseite, erklärte sie schlicht für irrelevant und betonte stattdessen, das Thema willkürlich wechselnd, »wichtiger« sei, dass die Evangelische Kirche nicht länger das »beschämende Bild« des Gespaltenseins biete[113]. Wenn man aus dieser Äußerung einen Schluss ziehen soll, dann kann es nur der sein, dass es ihm darum ging, jedwede Festlegung zu vermeiden und sich für seine Entscheidung alle Optionen offenzuhalten.

112 Fn. 111. Da *Meissner* an dieser Vier-Augen-Besprechung nicht teilnahm, kann seine Aktennotiz nur auf *Hindenburgs* Informationen beruhen.

113 *Scholder*, Bd. 2, S. 59, hält *Hitlers* »Antwort« für »erstaunlich offen«, eine eklatante Fehlbewertung: Wer einer Frage ausweicht, gibt keine »offene« Antwort, sondern gar keine.

Wer war dabei? Die Teilnehmer

Am Kanzlerempfang[114] nahmen auf kirchlicher Seite mehr Personen teil als ursprünglich vorgesehen. Auf der Einladungsliste hatten außer dem Reichsbischof 14 Personen gestanden, je 7 Vertreter beider Seiten, auf der einen Seite *Meiser, Wurm, Lauerer, Schöffel, Marahrens, Koch* und *Niemöller*, auf der anderen *Fezer, Coch, Beyer, Weber, Oberheid, Adler* und *Kinder*[115]. Es erschienen jedoch noch 4 weitere Personen, die nicht auf der Liste gestanden hatten, nämlich *Koopmann*[116], *Werner*[117], *Klaehn*[118] und *Sasse*[119]. Für die drei Erstgenannten ist dies bereits seit Langem gesichert[120], aber auch für *Sasse* kann das aufgrund der Angaben dreier glaubwürdiger Zeugen (*Adler, Meiser* und *Wurm*) als bewiesen gelten[121].

114 Von den Vorgängen vor und beim Kanzlerempfang vermittelt *Ulrich Wendland* im Deutschen Pfarrerblatt 1952, S. 505 ff., 509 ein lebendiges Bild; allerdings legt er die Quellen seiner Darstellung nicht offen. Da er auch kein Zeuge des Empfangs war, trägt seine Abhandlung zur Rekonstruktion des Geschehens nichts bei.

115 S. 17, so auch noch die Auflistung bei *Gauger*, S. 136.

116 *Otto Koopmann* (Aurich) war Präsident des Landeskirchenrats der reformierten Landeskirche in der Provinz Hannover.

117 *Friedrich Werner* war Präsident des Evangelischen Oberkirchenrats der APU.

118 Studienrat Lic. *Theodor Klaehn* (Bad Doberan) war Präsident der Landessynode Mecklenburgs; er gehörte zum Mitarbeiterstab des dortigen Landeskirchenführers *Schultz*, *K. Meier*, S. 344.

119 *Martin Sasse* war damals Stellvertreter des Landesbischofs der Thüringer Kirche, wurde zum Nachfolger gewählt und trat dies Amt am 1. März 1934 an, Junge Kirche 1934, S. 79; *K. Meier*, S. 474, 477.

120 *Klaehns* Teilnahme geht daraus hervor, dass er im Schweriner Sondergerichtsprozess gegen 7 mecklenburgische Pastoren am 13. Juni 1934 als Zeuge seine »Erinnerungen« an den Kanzlerempfang »vorgelesen« hat, *F. Julius*, Junge Kirche 1934, S. 542 ff., 546, vgl. auch *W. Niemöller*, Hitler, S. 36 f. Diese schriftlich fixierten »Erinnerungen« sind ebensowenig überliefert wie die Prozessakten, zu denen sie genommen worden sein könnten – der ausführliche Prozessbericht im Niederdeutschen Beobachter vom 17. und 19. Juni 1934 erwähnt sie übrigens nicht einmal. Was *Koopmann* und *Werner* angeht, so wird deren Anwesenheit von *Hesse* bezeugt, in: *Lekebusch*, S. 366.

121 *Adler*, Aufzeichnung, S. 196, 204; *Meiser*, Bericht, S. 87, 107; *Wurm*, Aufzeichnung, in: *Kretschmar/Nicolaisen*, Dokument II 9/34, S. 23; *Hermle/Thierfelder* (Hg.), Herausge-

Damit erhöht sich die Zahl der am Empfang teilnehmenden Kirchenführer – ohne den Reichsbischof – auf 18[122].

Klaehn und *Sasse* waren DC, *Werner* zwar auch, er stand aber als Gegner des Reichsbischofs[123] auf der anderen Seite. *Koopmann* war neutral[124]. Das ergibt bei Zuordnung der Teilnehmer nach ihrer kirchenpolitischen Ausrichtung folgende Verteilung: 7 gehörten zur Bekenntnisfront, 7 waren DC (*Adler, Beyer, Coch, Kinder, Klaehn, Oberheid* und *Sasse*), dazu kamen 2 ehemalige DC (*Fezer* und *Weber*), 1 »Überläufer« (*Werner*) und 1 Neutraler (*Koopmann*). Gleicht man diese Verteilung mit den Unterzeichnern des Memorandums vom 25. Januar ab[125], so zeigt sich, dass bei den Teilnehmern des Empfangs auf kirchlicher Seite eine Zwei-Drittel-Mehrheit von 12 zu 6 für die Absetzung des Reichsbischofs war[126].

fordert, Dokument 83, S. 17; auch *Hermelink*, S. 66, der ihn ohne Namensnennung als Landesbischof von Thüringen aufführt. Nahe liegt das auch deshalb, weil Thüringen, eine der 5 größten Landeskirchen außerhalb der APU, sonst nicht vertreten gewesen wäre.

122 *Adler* (Fn. 121) behauptet die Teilnahme auch von *Schultz*, *Peter* und *Leffler*. Dem kann nicht gefolgt werden. Der mecklenburgische Landeskirchenführer *Schultz* war sicherlich nicht zugegen, weil sonst Mecklenburg mit ihm und *Klaehn* doppelt vertreten gewesen wäre. Die Teilnahme von Bischof *Peter* (Magdeburg) und Oberregierungsrat *Leffler* (Weimar) ist wenig wahrscheinlich: sie hätte, von der zweifelhaften Legitimation *Lefflers* abgesehen, das zahlenmäßige Gewicht zugunsten der DC-Seite verschoben, da beide dort einzureihen gewesen wären.

123 Dazu *Conrad*, S. 65.

124 Für *Klaehns* DC-Zugehörigkeit *W. Niemöller*, Hitler, S. 36, und *K. Meier*, S. 161, für diejenige von *Sasse* und *Werner* S. 472, 474, 558 Anm. 423. *Koopmann* hat nach dem *Barth/Fezer*-Eklat erklärt, selbst kein DC zu sein, *Hesse* in: *Lekebusch*, S. 361; seine Haltung ist mit »neutral« nur unzulänglich beschrieben: einerseits wehrte er sich (theologisch) »mit Vehemenz« dagegen, »in die Nähe der DC gestellt zu werden«, andererseits befürwortete er im Gegensatz zu *Barth* und *Hesse* (kirchenpolitisch) den Eintritt der Reformierten in ein Kompromisskabinett der Kirchenregierung mit den DC, *Lekebusch*, S. 117 ff., das wörtliche Zitat auf S. 120.

125 S. 25 Fn. 88.

126 Auch *Weber* ist hier zur Mehrheit gerechnet; er gehörte zwar nicht zu den Unterzeichnern des Memorandums (S. 25 Fn. 88), forderte auch niemals explizit die Absetzung des Reichsbischofs, war seinerzeit aber wegen dessen »persönlicher Unzuverlässigkeit« aus dem Geistlichen Ministerium ausgeschieden, *Weber* in: *Lekebusch*, S. 404, 416.

Abb. 6: Theophil Wurm

Auf der staatlichen Seite waren – wie nicht begründet zu werden braucht – als Hauptakteure *Hitler, Frick* und *Göring* erschienen. Von der Ebene der Ministerialbürokratie kamen *Buttmann* und *Lammers* hinzu. Die Anwesenheit *Rudolf Buttmanns*, die im Schrifttum nur selten erwähnt wird, versteht sich fast von selbst, wird aber auch von *Weber* bezeugt: Dieser führt ihn in dem Bericht, den er *Hesse* kurz nach dem Empfang erstattet hat, unter den gleich zu Anfang Erschienenen auf[127]. Zudem ergibt sich

127 *Weber* nach *Hesse* in: *Lekebusch,* S. 366.

Abb. 7: August Marahrens

seine Teilnahme daraus, dass er als Ministerialdirektor Leiter der für Kirchenfragen zuständigen Abteilung im Reichsinnenministerium war; in dieser Eigenschaft hatte er »seinen« Minister bereits im Kirchenstreit bei dem Treffen des Reichsbischofs mit den nicht-deutschchristlichen Landesbischöfen am 13. Januar vertreten und ihn bei der entscheidenden Besprechung mit *Hitler* am 18. Januar begleitet, sich schließlich noch – zusammen mit *Conrad* – maßgeblich um die Vorbereitung des Kanzlerempfangs gekümmert[128]. Es wäre grob fahrlässig gewesen, hätte

128 Die Telegramme, mit denen die eingeladenen Kirchenführer von der Verlegung des Empfangs auf den 25. Januar verständigt wurden, sind von ihm mit dem Zusatz »Auftrag« gezeichnet.

Abb. 8: Simon Schöffel

Frick beim Empfang auf Präsenz und Assistenz seines bestens informierten und sachorientierten Mitarbeiters verzichtet. Die gleichen Gründe sprechen – *mutatis mutandis* – für die Annahme, dass *Lammers* beim Empfang zugegen gewesen ist: Er war im Rang eines Staatssekretärs als Leiter der Reichskanzlei die ›rechte Hand‹ *Hitlers*, Experte in Verwaltungs- und Rechtsangelegenheiten, außerdem Scharnier und Bindeglied im Verhältnis zu den Ministern[129]. Als *Hitlers* Berater und Beistand war er auch hier wichtig und hatte allen Grund, dem Empfang beizuwohnen, zumal er schon vorher, bei der Intervention *Hindenburgs*, mit dem Kirchenstreit zu tun gehabt hatte. Seine Anwesenheit ist im Übrigen

129 *Koop*, Hans-Heinrich Lammers, S. 33 ff., 38, 61 ff., 67; *Wilderotter*, Alltag der Macht, S. 207 ff.

Abb. 9: Wurm, Marahrens und Meiser (v.l.n.r.) am 25. Januar 1934 vor der Reichskanzlei *

durch zwei Zeugen, *Adler* und *Wurm*[130], verbürgt. *Wurm* erwähnt ihn in seinem Bericht, den er noch am Tag des Empfangs verfasst hat. Die Verlässlichkeit dieser Angabe wird nicht dadurch gemindert, dass seine Aufzählung der auf der kirchlichen Seite verorteten Teilnehmer fehlerhaft ist. Bei der Vielzahl der dort Beteiligten kann dies kaum verwundern, wie überhaupt die Irrtümer der Zeugen über Personen, Zahlen und Zeiten nicht überbewertet werden dürfen. Hier ist entscheidend, dass in der überschaubaren Gruppe der Teilnehmer auf staatlicher Seite eine bestimmte Person von einem anderen Teilnehmer des Empfangs kurz danach als anwesend bezeichnet worden ist. Die Gegenwart von *Lammers* wird schließlich auch von *Adler* bezeugt, der sie nicht bloß

130 *Kretzschmar/Nicolaisen*, Dokument II 9/34, S. 23, *Hermelink*, S. 66.

* Unrichtige Zuordnung und seitenverkehrte Wiedergabe bei *Scholder*, Bd. 2, S. 354; richtig bei *Wurm*, Erinnerungen, S. 96/97.

als »nacktes« Faktum mitteilt, sondern einmal in einen Handlungsablauf einbettet, ein andermal mit einer Angabe zur Stehposition des Genannten verknüpft und ein drittes Mal sogar noch ihre Bedeutung hervorhebt[131].

Nicht zweifelsfrei feststellen lässt sich dagegen, ob auch *Rudolf Heß*, der Stellvertreter des Führers, erschienen war. Zwar wird er in dem Bericht *Webers*, den *Hesse* in seinem Tagebucheintrag vom 25. Januar referiert, als anwesend aufgeführt[132], und *Hesse*, hier mittelbarer Zeuge, erhielt, wie sein Tagebucheintrag ausweist, den Bericht von *Weber* schon eine Viertelstunde nach dem Ende des Kanzlerempfangs: Näher können Wahrnehmung und Bericht kaum beieinander liegen. Gleichwohl bleiben Zweifel. In den Berichten der anderen Zeugen des Empfangs taucht *Heß* nicht auf[133], und rätselhaft ist zudem, welche Rolle ihm als Stellvertreter des Führers noch zugefallen sein sollte, nachdem der zu Vertretende selber erschienen war. So ist letztlich nicht auszuschließen, dass die knappe Mitteilung *Webers*, außer *Hitler*, *Göring*, *Frick* und *Buttmann* sei auch *Heß* zugegen gewesen, auf einem Irrtum beruht, der sich als unbewusst nachgebliebener Schatten der auch von ihm kolportierten, dann aber widerlegten Prognose erklärt, nicht *Hitler*, sondern *Heß* werde die Audienz eröffnen. Damit ergibt sich folgende Liste der Teilnehmer des Empfangs:

131 *Adler*, Aufzeichnung, S. 204: »öffnete sich links im Hintergrund die Tür und herein traten: Hitler, Lammers, Göring und Frick«, S. 205: »Hitler trat vor den Schreibtisch, hinter diesen Lammers«, S. 208: »nicht ganz unwichtig, daß er seine betont evangelischen ›Paladine‹ Göring, Frick und Lammers mitbrachte«.

132 *Weber* nach *Hesse* in: *Lekebusch*, S. 366.

133 Auch im Schrifttum wird *Heß* nur vereinzelt als anwesend aufgeführt, so von *K. Meier*, S. 162; *W. Niemöller*, Hitler, S. 36, und *J. Schmidt*, S. 171, nicht aber von *Scholder*, Bd. 2. S. 59.

REGIERUNGSVERTRETER

Hitler
(Reichskanzler)

Frick
(Reichsinnenminister)

Göring
(Ministerpräsident Preußen)

Lammers
(Staatssekretär Reichskanzlei)

Buttmann
(Ministerialdirektor Reichsinnenministerium)

KIRCHENVERTRETER

Müller
(Reichsbischof)

Koch
(Präses Provinzialsynode Westfalen)

Koopmann
(Präsident Landeskirchenrat Hannover)

Lauerer
(Rektor Diakonissenanstalt Neuendettelsau)

Marahrens
(Landesbischof Hannover)

Meiser
(Landesbischof Bayern)

Niemöller
(Pfarrer, Berlin-Dahlem)

Schöffel
(Landesbischof Hamburg)

Weber
(Dozent Theologische Schule Elberfeld)

Wurm
(Landesbischof Württemberg)

Adler
(Bischof Münster)

Beyer
(Professor, Greifswald)

Coch
(Landesbischof Sachsen)

Fezer
(Professor, Tübingen)

Kinder
(Reichsleiter DC)

Klaehn
(Präsident Landessynode Mecklenburg)

Oberheid
(Bischof Köln-Aachen)

Sasse
(Stellvertretender Landesbischof Thüringen)

Werner
(Präsident EOK, Präses Generalsynode APU)

In der Reichskanzlei

Die meisten Berichte vom Kanzlerempfang setzen mit dem Zeitpunkt ein, in dem – nach den Präliminarien – die eigentliche Besprechung begann. Was in der Reichskanzlei davor noch geschah, bleibt ausgespart. Das mag daran liegen, dass dieses Geschehen einerseits kein besonderes Interesse beanspruchen kann, andererseits nur wenige Belege vorhanden sind, die Auskunft darüber geben; es sind dies im Wesentlichen Angaben von *Meiser*[134], *Adler*[135], *Niemöller*[136] und *Wurm*[137]. Sie sind von sehr unterschiedlicher Art. *Meiser* hat seinen Synodalen mündlich berichtet, *Adler* eine ausführliche Abhandlung geschrieben, *Niemöller* eine darauf zielende Frage seines Interviewers in fast anekdotisch-lockerer Weise beantwortet, *Wurm* den Vorgang in seiner Autobiographie geschildert. Noch unterschiedlicher sind die Abstände zum berichteten Geschehen: Bei *Meiser* liegt es gerade ein paar Tage zurück, bei *Wurm* sind es über 18, bei *Adler* rund 20 Jahre, bei *Niemöller* ist es fast ein halbes Jahrhundert. Trotzdem lässt sich aus diesem so ungleichartigen Material das Geschehene – mit kleinen Einschränkungen – recht gut rekonstruieren. Danach fanden sich, so *Adler*, die geladenen Kirchenführer schon früh im Vorsaal des Empfangssaals[138] der Reichskanzlei ein, wo sie, in kleinen Gruppen diskutierend, beieinander saßen und ihren Aufruf erwarteten. Nach dem insoweit erkennbar erlebnisgeprägten und daher glaubhaften Bericht *Niemöllers* kam *Göring* plötzlich mit fliegen-

134 *Meiser*, Bericht, S. 106 f.

135 *Adler*, Aufzeichnung, S. 204 f.

136 *Niemöller*, Interview mit Dietmar Schmidt, S. 55 ff. Das Interview, das den fortlaufenden Text dieses Buchs bildet, fand im Herbst 1983 statt, S. 165.

137 *Wurm*, Erinnerungen, S. 93 f.; nach dem Schlussvermerk auf S. 222 beendete der Autor seine Aufzeichnungen am 24. August 1952.

138 Der Empfangssaal, von *Adler* als Empfangs*raum* bezeichnet, schloss sich in der Aufsicht nach links (Süd) an den Kongresssaal an, besaß zum Garten hin rechts (West) eine Fensterfront und an der Innenseite links (Ost) zwei Türen, die zum Bismarckzimmer und zum Reichskanzlerzimmer führten, *Demps*, Berlin-Wilhelmstraße, S. 199, und *Wilderotter*, Alltag der Macht, S. 93.

dem Cutaway und einer roten Mappe unter dem Arm herein, »sauste auf das Bismarckzimmer, in dem Hitler saß, los und klopfte paarmal an und ging rein«. Das wird von *Meiser* bestätigt, der nüchtern berichtet: »Göring erschien mit Aktendeckel, während wir (*scil.* die eingeladenen Kirchenführer) noch eine Viertelstunde warten mußten.«

Nachdem, wie *Niemöller* sich erinnert, *Göring* »durch eine andere Tür in ein Nebenzimmer gegangen« war[139], wurden nach Darstellung *Adlers* die Flügeltüren zum Empfangssaal geöffnet und die Teilnehmer eingelassen; das muss, entgegen der Angabe *Adlers*, der dafür 12 Uhr angibt, etwa um 13.15 Uhr gewesen sein, da der Empfang auf 13 Uhr festgesetzt war, jedoch erst mit der von *Meiser* genannten Verspätung begann. Die Teilnehmer nahmen dann, wie *Adler* berichtet, vor *Hitlers* Schreibtisch eine »halbmondförmige«, von der einen bis zur anderen Seitenwand reichende Aufstellung ein, bei der die Gruppe der DC auf die linke, diejenige der Bekenntnisfront auf die rechte Seite zu stehen kam.

Nach *Niemöllers* Darstellung soll *Hitler* beim Eintritt der Gäste hinter seinem Schreibtisch gesessen haben und dann zur Begrüßung aufgestanden sein. Das ist wenig wahrscheinlich, da es zum unabdingbaren, wohl auch von *Hitler* geschätzten Ritual solcher Empfänge gehört, dass der Gastgeber erst erscheint, wenn die Geladenen die ihnen zugedachten Plätze eingenommen haben. Verlässlicher ist in diesem Punkt der Bericht *Adlers,* wonach sich die Gäste schon zum Halbkreis formiert hatten, als *Hitler* die Bühne betrat. Bedenken gegen seine Darstellung bestehen aber insoweit, als sie den Eindruck erweckt, *Göring* sei zusammen mit *Hitler, Lammers* und *Frick* eingetreten. Denn es gibt genügend Beweise dafür, dass er allein und erst nach den drei anderen auf der Bildfläche erschienen ist. Dafür spricht zum einen, dass er, so

139 Nicht ganz klar ist, wie *Niemöller* das bemerkt haben will, wenn – wozu er nichts mitteilt – *Göring* nicht zuvor noch einmal den Vorsaal betreten hat; vermutlich ist das eine interpolierende Schlussfolgerung daraus, dass *Göring* danach »durch die Nebentür wieder« hereinkam.

berichtet es *Niemöller,* »durch die Nebentür wieder herein« kam, also nicht durch denselben Eingang wie *Hitler* mit seinen übrigen Begleitern und bestimmt auch nicht gleichzeitig oder gar vor ihnen. Zum anderen findet sich in der Autobiographie von *Wurm* hierzu eine Darstellung, die nicht nur *Niemöllers* Angaben stützt, sondern schon für sich allein so plausibel erscheint, dass ihr ohne Weiteres gefolgt werden kann; dort heißt es:

> »Im Vorraum des großen Saals[140] war am anderen Tag schon alles versammelt, als der preußische Ministerpräsident Göring mit gewichtigen Schritten hereinkam und auf der Seite der Regierung sich postierte, auf derselben Seite, auf der auch Hitler, der Reichsminister des Innern und sein Ministerialdirektor Buttmann und Ludwig Müller (scil.: der Reichsbischof) sich befanden, während wir gegenüberstanden.«

An diese Darstellung schließt sich nahtlos an, was *Adler* von der Situation berichtet, die sich nach dem Erscheinen *Görings* ergeben hatte; danach war *Hitler* vor seinen Schreibtisch, *Lammers* dahinter getreten, während *Göring* am Tisch in der Mitte des Raumes stand und *Frick,* zwischen ihm und *Hitler* postiert, anhand einer Liste die Eingeladenen vorstellte, denen *Hitler* entgegenging, um sie auf halbem Wege mit Handschlag zu begrüßen. In dieses Bild sind nur noch *Buttmann* und der Reichsbischof einzusetzen, die sich, wie *Wurm* mitteilt, auf die Seite der Regierung gestellt hatten.

140 Mit dem »großen Saal« ist der Kongresssaal, mit dem »Vorraum« der Empfangssaal gemeint.

»Querschläger durch Göring«

Das sind die Worte, die *Niemöller* unter dem 25. Januar in seinen Amtskalender eintrug[141], und es ist klar, welches Geschehen dieser Vermerk festhielt. Noch bevor die Besprechung begann, bat *Göring*, der sich vor den Führer »hingebaut« hatte[142] und vorgetreten[143] war, um das Wort[144] und erklärte (nach der bis auf die Zeitangabe glaubhaften Darstellung *Cochs*):

> »Mein Führer, als preußischer Ministerpräsident des größten deutschen Staates bin ich in erster Linie verantwortlich für Ruhe und Ordnung, und darum bitte ich, ein Telephongespräch verlesen zu dürfen, das vor 1½ Stunde (!)[145] der Führer oder Vorsitzende des Pfarrernotbundes in Deutschland, der bei der Besprechung mit anwesende Pfarrer Niemöller, geführt hat.«[146]

Dann klappte er die mitgebrachte Mappe auf[147] und begann, Äußerungen vorzulesen, die *Niemöller* bei einem abgehörten Telefonat gemacht

141 ZA EKHN Best. 62 Akz. Nr. 6096.

142 *Niemöller*, Interview mit Günter Gaus am 30. Oktober 1963, https://www.rbb-online./de.interview_archiv/niemoeller_martin.html, aufgerufen am 19. Juni 2021.

143 *Meiser*, Bericht, S. 107: »Göring trat vor«.

144 Die Berichte variieren nur unwesentlich, *Hitler* »gab ... Göring ein Zeichen«, so *Adler*, Aufzeichnung, S. 205, »erteilte« ihm das Wort, so *Kinder*, Neue Beiträge, S. 43, Göring »bat« um das Wort, so *Coch*, AELKZ 1934, Sp. 177ff., 180, Auszug bei *Kretschmar/Nicolaisen*, Dokumente II/34, S. 29f., »erbat« es, so *Wurm*, Erinnerungen S. 94, und *ders.*, Schreiben an Hammerschmidt vom 5. April 1939.

145 Tatsächlich waren zwischen dem Telefonat (10.15 Uhr) und der Verlesung (nach 13.15 Uhr) über 3 Stunden verstrichen, S. 46 und Abhörprotokoll, S. 55.

146 *Coch* (Fn. 144), der den Wortlaut wiederzugeben behauptet. Dieser Anspruch ist zwar nicht begründet, das Zitat mit Ausnahme der Zeitangabe aber sinngemäß richtig, zumal es insoweit, als sich *Göring* danach auf seine Verantwortung berufen hat, auch von *Adler* bestätigt wird, *Adler*, Aufzeichnung, S. 205: »Als Mann, der für die Sicherheit des Staates verantwortlich ist.«

147 *Adler*, Aufzeichnung, S. 205, und *Niemöller*, Interview mit Dietmar Schmidt, S. 56.

habe. Dass er dabei – wie *Hitler* später erzählt hat[148] – dagestanden habe »wie weiland Bismarck bei der Kaiserproklamation in Versailles, mit breitgestellten Beinen«[149], lässt sich zwar nicht verifizieren, liegt aber angesichts seiner notorischen Neigung, sich gern effektvoll in Szene zu setzen, nicht fern.

Wie sich *Niemöller* zu Beginn dieser Verlesung verhielt, hat er selbst mehrfach geschildert. Bei einem Bericht, den er kurz nach dem Empfang den Notbundpfarrern aus Berlin und der Mark Brandenburg im Dahlemer Gemeindehaus erstattet, erwähnt er, wie sich *Kurt Scharf* erinnert[150], sein »Vortreten aus der Reihe der übrigen«. Auch in seinem Schreiben an die »lieben Brüder« des Notbunds vom 16. Februar 1934[151] gibt er an, bei der Nennung seines Namens »sofort einen Schritt vor die Front« getreten zu sein, und dies wird von *Adler*[152] und *Wurm*[153] bestätigt. Etwas anders liest sich allerdings, was er dazu 30 Jahre danach im Interview mit Dietmar Schmidt[154] mitteilt: Er habe sich, zunächst in der hintersten Reihe stehend, »während der ganzen Geschichte durchgerudert an die Front«. Das ist vage formuliert und verrät kein Bemühen um zeitlich genauere Einordnung. Soweit darin aber ein Widerspruch zu seinen früheren Angaben erblickt werden müsste, verdiente demgegenüber seine den »Brüdern« zeitnah mündlich wie schriftlich gegebene und von *Adler*, *Wurm* sowie *Scharf* bestätigte Darstellung in jedem Falle den Vorzug.

148 *Hitler* am 7. April 1942, nach *Picker,* Hitlers Tischgespräche, S. 261.

149 *Hitler* bezog sich hier auf das berühmte Gemälde *Anton von Werners*, das er wahrscheinlich als Reproduktion der 3. Fassung (1885) gesehen hatte, siehe dazu *Kurt Kister*, »Überall Soldaten«, SZ vom 16./17. Januar 2021, S. 51.

150 *Scharf* in: Bekennende Kirche, S. 136, 139.

151 *Kretschmar/Nicolaisen,* Dokument II 9/34, S. 27 ff.; auch bei *W. Niemöller*, Hitler, S. 44 ff.

152 *Adler*, Aufzeichnung, S. 205.

153 *Wurm*, Schreiben an Hammerschmidt.

154 *Niemöller,* Interview mit Dietmar Schmidt, S. 57.

Göring verliest das frisierte Niemöller-Telefonat

Was die Versammelten nun zu hören bekamen, waren – in der von *Göring* vorgetragenen Version[155] – Äußerungen *Niemöllers* bei einem Telefonat, das er am Vormittag mit Lic. theol. *Walter Künneth* geführt hatte. *Künneth,* Leiter der Apologetischen Centrale in Berlin-Spandau[156], entschiedener Gegner der DC und zusammen mit *Niemöller* und *Lilje* Mitvorsitzender der »Jungreformatorischen Bewegung«[157], hatte angerufen, um sich vor dem Kanzlerempfang nach dem Stand der Dinge zu erkundigen; dieses Gespräch war abgehört worden, nicht etwa durch die Gestapo, sondern im Rahmen einer von *Göring* angeordneten Telefonüberwachung durch das von ihm gegründete und ihm unterstellte »Forschungsamt des Reichsluftfahrtministeriums«[158].

Was *Göring* jetzt als originale Äußerungen *Niemöllers* bei diesem Telefonat »verlas«, ist von insgesamt 7 Teilnehmern des Empfangs zu verschiedenen Zeitpunkten in unterschiedlicher Weise erinnert und wiedergegeben worden[159]. Dabei ergibt sich jedoch in der Gesamtschau ein

155 Was *Göring* als Äußerungen *Niemöllers* »verlas«, deckte sich nicht in allen Punkten mit dessen tatsächlichen Ausführungen, Näheres dazu an späterer Stelle.

156 Die Apologetische Centrale, eine selbstständige Abteilung des Centralausschusses für die Innere Mission, war die erste Evangelische Akademie, *Künneth*, Lebensführungen, S. 76 ff.; *Meiser,* Verantwortung, Dokument 109 Anm. 1, S. 197.

157 Zu Gründung, Programm und Leitung dieser Bewegung: *J. Schmidt,* S. 55 ff.

158 Hierzu *Fuhrer*, Görings NSA – Das ›Forschungsamt‹. Nach *Fuhrer* besaß dies Amt das Monopol der Fernmeldeüberwachung (S. 38), unterstand verwaltungstechnisch zunächst dem Preußischen Staatsministerium und wurde aus dessen Haushalt bezahlt (S. 40), nahm seine Arbeit am 10. April 1933 auf (S. 41) und feierte mit dem Abhören des Telefons von *Niemöller* seinen ersten belegbaren Erfolg (S. 67 ff.). Mit Forschung hatte es nichts zu tun, mit Luftfahrt funktionell auch nichts und personell nur insofern, als *Göring* nicht bloß preußischer Ministerpräsident, sondern auch Reichsluftfahrtminister war. Der irreführende Name diente der Camouflage.

159 *Adler,* Aufzeichnung, S. 205; *Coch,* AELKZ 1934, Sp. 180; *Kinder,* Neue Beiträge, S. 44 f.; *Meiser,* Schreiben an Koch, in: *Kretschmar/Nicolaisen,* Dokument II 9/34, S. 21 f.; *ders.,*

Abb. 10: Walter Künneth

klares Bild. Den ersten Teilausschnitt dieses Bildes bietet der Bericht von *Coch;* danach lauteten *Niemöllers* Worte in der Version der Darstellung *Görings* wie folgt[160]:

Bericht, S. 107; *Weber* nach *Hesse* in: *Lekebusch,* S. 366; *Wurm,* Aufzeichnung, in: *Kretschmar/Nicolaisen,* Dokument II 9/34, S. 23; *ders.*, Schreiben an Hammerschmidt; *ders.*, Erinnerungen, S. 94; *Hitler* nach *Picker,* Tischgespräche, S. 261; *ders.* nach *Seraphim* (Hg.), Das politische Tagebuch Alfred Rosenbergs, Eintrag vom 19. Januar 1940, S. 117.

160 *Coch* AELKZ 1934, Sp. 180.

> »Wir haben unsere Minen gelegt, wir haben die Denkschrift zum Reichspräsidenten geschickt, wir haben die Sache gut gedreht, vor der kirchenpolitischen Besprechung heute wird der Kanzler zum Vortrag beim Reichspräsidenten sein und vom Reichspräsidenten die letzte Ölung empfangen.«

Der berühmt gewordene Satz von der »letzten Ölung« findet sich bei allen Zeugen, die *Görings* Auftritt erlebt und über die von ihm mitgeteilten Äußerungen *Niemöllers* berichtet haben[161]. Die Übersendung der Denkschrift wird nur von *Coch* und niemandem sonst erwähnt, ebenso taucht auch nur bei ihm die Wendung auf: »Wir haben die Sache gut gedreht.« Von der Minenlegung ist dagegen nicht nur bei ihm, sondern wortgleich auch bei *Adler*[162] und in ähnlicher Formulierung (»die Minen seien gut gelegt«) bei *Wurm*[163] die Rede, wobei teilweise – womöglich hieran anknüpfend – die ansonsten nicht näher erläuterte Behauptung aufgestellt und mitgeteilt wird, *Niemöller* habe das Gespräch im »Matrosenjargon« geführt[164].

Der zweite Teilausschnitt des Bildes besteht aus der *Niemöller* zugeschriebenen Äußerung, auch das Reichsinnenministerium liege gut, gehe es aber schief, bleibe der »Absprung« in die Freikirche. Sie ist – als Bestandteil des von *Göring* verlesenen Telefonats – durch die Berichte von *Meiser* und *Wurm* belegt. Bei *Meiser*[165] heißt es: »Auch wurde gesagt ›das Innenministerium liegt gut‹« und »Innenministerium liegt gut im Rennen« sowie: »Als letzter Ausweg bleibe Freikirche«; und bei *Wurm*[166] liest

161 Auch bei *Hitler*, der in den Tischgesprächen (Fn. 159) *Niemöller* folgende Äußerung unterstellt hat: »Dem Alten haben wir eine letzte Ölung gegeben. Wir haben ihn so eingeschmiert, dass er den Hurenbock jetzt endgültig raussetzt.« Das klingt nicht gerade nach O-Ton *Niemöller*.

162 *Adler*, Aufzeichnung, S. 205.

163 *Wurm*, Schreiben an Hammerschmidt; *ders*, Erinnerungen, S. 94.

164 So *Hitler* nach *Seraphim* (Hg.), Das politische Tagebuch (Fn. 159); von »Matrosensprache« schreibt auch *Wurm*, Erinnerungen, S. 94.

165 *Meiser*, Schreiben an Koch in: *Kretschmar/Nicolaisen*, Dokument II 9/34, S. 21 f.; *ders.*, Bericht, S. 107.

166 *Wurm*, Aufzeichnung, in: *Kretschmar/Nicolaisen*, Dokument II 9/34, S. 23; *ders.*, Schreiben an Hammerschmidt, *ders.*, Erinnerungen, S. 94.

sich das fast genauso: »auch das Reichsinnenministerium« liege »gut«, werde »trotzdem nichts erreicht«, »falls die Dinge aber schief gehen«, »schlimmstenfalls« bleibe »der Absprung in die Freikirche«.

Beide Teilausschnitte fügen sich widerspruchslos zum Gesamtbild. Allerdings fällt auf, dass der zweite (Haltung des Innenministeriums und Option des »Absprungs« in die Freikirche) in den Berichten der DC-Vertreter *Adler, Coch* und *Kinder*[167] nicht vorkommt – dazu findet sich bei ihnen kein Wort. Doch liegt die Erklärung dafür vermutlich im allbekannten Phänomen der interessenbedingt selektiven Wahrnehmung und Erinnerung: Die Kompromittierung *Hitlers* als vom Reichspräsidenten »gesteuert« war in ihren Augen wohl ungleich gravierender als die des Reichsinnenministers durch den Hinweis auf dessen erwartbaren Beistand, und ein künftiger »Absprung« des Pfarrernotbundes in die Freikirche, der ihre Machtposition kaum berühren würde, brauchte sie nicht zu kümmern.

Das Abhörprotokoll überführt Göring der Fälschung

Die Verlesung des Telefongesprächs wirkte auf die Versammelten wie ein Schock. *Hitler* hat 1940 die Folge als »peinliches Zusammensinken der Brüder« bezeichnet[168] und 1942 behauptet, die »Abgesandten der Evangelischen Kirche seien daraufhin vor Schreck so in sich zusammenge-

167 *Kinders* Darstellung (Neue Beiträge, S. 44 f.) mit der Kasperle-Begrüßung »Na, seid ihr alle gut vorbereitet?« ist konfus; sie lässt schon im Unklaren, wer in seinen Zitaten jeweils der Sprecher sein soll, und rückt, obwohl es um den Reichsbischof ging, *Hitler* in die Rolle des zu entwaffnenden Gegners: »Er kann sich euch gegenüber nun nichts mehr erlauben, er wird zahm sein.« Die salvatorische Vorbemerkung »Darin hieß es ungefähr« macht die Sache nicht besser.

168 *Hitler* nach *Seraphim*, Das politische Tagebuch (Fn. 159).

rutscht, daß sie fast nicht mehr dagewesen seien«[169]. Wenngleich diese Darstellung, erkennbar auf Effekt angelegt, sicherlich übertrieben war, lässt sich doch nicht leugnen, dass der »Querschläger« *Görings* inbesondere bei den Vertretern der Bekenntnisfront große Betroffenheit ausgelöst hat. Das spiegelt sich noch in einem Schreiben, das *Wurm* rund eine Woche danach am 2. Februar an *Buttmann* richtete und in dem er versichert, er könne an die Stunde in der Reichskanzlei »nur mit tiefster Erschütterung zurückdenken«, um im nächsten Satz fortzufahren: »Was da am Anfang vor sich ging, war einfach vernichtend!«[170]

Niemöller, den die Verlesung nach eigenem Bekunden wie ein »Keulenschlag« traf[171], sah sich in Erklärungsnot, nachdem *Hitler* ihn – so der Bericht *Adlers*[172] – gefragt hatte, was er dazu zu sagen habe. Er räumte ein, das verlesene Telefongespräch geführt zu haben. Auch hier wieder gibt es Nuancen in den Darstellungen einerseits der DC-Vertreter und andererseits der süddeutschen Landesbischöfe. *Adler* zitiert *Niemöller* mit dem Satz: »Mein Führer, ich gebe zu, diese Worte gebraucht zu haben«[173], bei *Coch* heißt es, *Niemöller* habe zugeben müssen, »daß er das Gespräch in dem Wortlaute geführt hatte«[174], bei *Kinder* liest man, dass er *Hitlers* Frage »Herr Pfarrer, hat dieses Gespräch so stattgefunden?« »bejaht« habe[175]. Laut *Meiser* »bekannte sich« *Niemöller* »offen«[176], laut *Wurm* »sofort[177] zu dem Inhalt des Gesprächs«, wobei *Wurm* hinzufügt, er habe »keinerlei Versuch zur Ableugnung oder Beschönigung« gemacht, während *Meiser* gegenüber Dritten erklärt haben soll, *Niemöller*

169 *Hitler* nach *Picker*, Tischgespräche, S. 261.
170 LKA Stuttgart D 1, 47, 2.
171 Nach *Scharf* in: Bekennende Kirche, S. 139.
172 *Adler*, Aufzeichnung, S. 206.
173 *Adler*, Aufzeichnung, S. 206. Dass er die Anrede »Mein Führer« benutzt hat, ist zu bezweifeln; für ihn war *Hitler* in diesem offiziellen Rahmen der Reichskanzler.
174 *Coch*, AELKZ 1934, Sp. 177 ff., 180.
175 *Kinder*, Neue Beiträge, S. 45.
176 *Meiser*, Aufzeichnung in: *Kretschmar/Nicolaisen*, Dokument II 9/34, S. 22.
177 *Wurm*, Schreiben an Hammerschmidt.

habe auf Vorhalt des verlesenen Textes gesagt »es stimme im wesentlichen«[178].

Wie immer man diese Nuancen bewertet, an einer Tatsache ändern sie nichts: *Niemöller* hat – um in der Sprache des Strafprozesses zu reden – ein »volles Geständnis« abgelegt. Dieses »Geständnis« ist aber – und auch daran gibt es nichts zu deuteln – teilweise falsch. Das ergibt sich aus dem Vergleich der Äußerungen *Niemöllers* in der »Göring-Version« mit seinen Worten, wie sie in der Aufzeichnung des vom »Forschungsamt« abgehörten Telefonats dokumentiert sind. Dies Dokument, das ursprünglich als 29. Bericht in der Göring-Mappe »Politische Ausschreitungen evangelischer Geistlicher« enthalten war[179], wird hier als Faksimile wiedergegeben[180]:

Das Papier dieses Dokuments ist bräunlich, Unterstreichungen und Stempel sind rotfarbig. Die Abkürzung F.A. steht für Forschungsamt. Die nicht genannte Person ist nicht *v. Bodelschwingh*[181], sondern *Franz Hildebrandt,* der auf *Niemöllers* Bitte gegen Ende Januar 1934 von London nach Berlin-Dahlem zurückgekehrt war, um ihm im Pfarrernotbund als Assistent, Kassenwart und zeitweiliger Vertreter in der Gemeinde zu helfen[182].

178 *Meiser,* Bericht, S. 107.

179 *Glenthøj,* S. 86 Nr. 12. Die dort angegebene Signatur aus der Zeit der Archivierung in Koblenz ist überholt. Die Urkunde ist aus der genannten »Göring-Mappe« ausgeschieden worden und bildet heute als fol. 327 einen Bestandteil des Konvoluts BArch, R 43-II/161. Beide »Göring-Mappen« (S. 22) sind dagegen jetzt zusammengefasst unter der Signatur BArch R 43-II/161a.

180 BArch, R 43-II/161 fol. 327; im Bundesarchiv bei den Akten der Reichskanzlei 1959/1960 von *Claus-Hinrich Feilcke*, dem Assistenten der Kommission für die Geschichte des Kirchenkampfes in der nationalsozialistischen Zeit, entdeckt, Faksimile in: *Arno Helwig* (Hg.), »... an dem Geschehen in der Welt mitverantwortlich«, S. 60; Wortlaut bei *W. Niemöller*, EvTh 20 (1960), S. 107 f.; *ders.*, Wort und Tat, S. 80 f.; *Kretschmar/Nicolaisen*, Dokument II/ 9/34, S. 20 Anm. 7; *Glenthøj*, S. 61, und *Scholder*, Bd. 2, S. 58.

181 So aber irrtümlich *Scholder*, Bd. 2, S. 60; *v. Bodelschwingh* hatte zwar während seiner Kandidatur für das Reichsbischofsamt zeitweilig mit seiner Familie in Berlin-Dahlem gewohnt, war aber nach seinem Rücktritt am 24. Juni 1933 (*Gauger*, S. 84 r. Sp.) wieder nach Bethel zurückgekehrt (*Hellmann*, Friedrich v. Bodelschwingh d. J., S. 119, 128).

182 *Roggelin*, Franz Hildebrandt, S. 66.

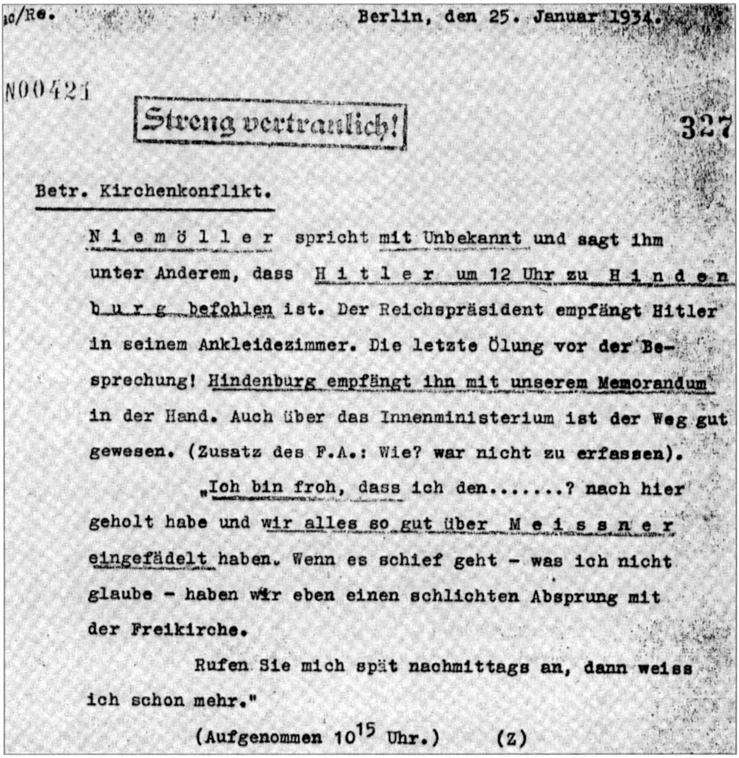

Ic/Re. Berlin, den 25. Januar 1934.

N00421

Streng vertraulich!

327

Betr. Kirchenkonflikt.

N i e m ö l l e r spricht mit Unbekannt und sagt ihm unter Anderem, dass H i t l e r um 12 Uhr zu H i n d e n b u r g befohlen ist. Der Reichspräsident empfängt Hitler in seinem Ankleidezimmer. Die letzte Ölung vor der Besprechung! Hindenburg empfängt ihn mit unserem Memorandum in der Hand. Auch über das Innenministerium ist der Weg gut gewesen. (Zusatz des F.A.: Wie? war nicht zu erfassen).

„Ich bin froh, dass ich den.......? nach hier geholt habe und wir alles so gut über M e i s s n e r eingefädelt haben. Wenn es schief geht - was ich nicht glaube - haben wir eben einen schlichten Absprung mit der Freikirche.

Rufen Sie mich spät nachmittags an, dann weiss ich schon mehr."

(Aufgenommen 10^{15} Uhr.) (Z)

Abb. 11: Abhörprotokoll

Die Gesprächsaufzeichnung enthält nicht den in der »Göring-Version« *Niemöller* zugeschriebenen Satz »Wir haben unsere Minen gelegt«. Daraus folgt, dass eine solche Äußerung auch nicht gefallen ist. Zwar schließt der Text des Protokolls mit den Worten »unter Anderem« noch nicht die Möglichkeit aus, dass außerhalb des Aufgezeichneten von Minenlegung die Rede war. Doch verbietet sich diese Annahme deshalb, weil eine solche, *Niemöller* offenkundig kompromittierende Äußerung, hätte es sie denn gegeben, von dem abhörenden Mitarbeiter des »Forschungsamts«, der nach dem Auftrag *Görings* auf belastende Äußerungen angesetzt war, mit Sicherheit – zumindest in indirekter Rede – wiedergegeben worden wäre. Der Satz ist von *Göring* erfunden und hinzugefügt[183]; er liefert im Übrigen ein geradezu klassisches Beispiel für jene Erscheinung, die in der Psychologie »Projektion« heißt: Ein eigener Fehler oder Mangel wird, oft zur Selbstentlastung, dem Gegner zugeschrieben. Minen sind Waffen der Heimtücke, und heimtückisch war das Verhalten *Görings*, der den Glauben eines arglosen Fernsprechteilnehmers, sich ohne ungebetenen Mithörer mit seinem Gesprächspartner zu unterhalten, auszunutzen verstand, nicht dagegen das Vorgehen *Niemöllers*, der als Mitautor des an den Reichskanzler gerichteten Memorandums dem Gegner mit offenem Visier gegenübertrat. Eine Hinzufügung enthält auch der Halbsatz: »wir haben die Sache gut gedreht«, der verzweifelt an den Jargon einer Diebesbande erinnert, deren Mitglieder sich in der Kneipe nach gelungenem Einbruch schulterklopfend zu ihrem Erfolg beglückwünschen.

Eine eher unauffällige Verfälschung durch *Göring* ist zudem damit belegt, dass aus der tatsächlichen Äußerung *Niemöllers*, auch über das Innenministerium sei »der Weg gut gewesen«, in der Version *Görings* die Erklärung geworden war, auch das Reichsinnenministerium »liege gut«. Der Unterschied wäre der Erwähnung nicht wert, böte die *Niemöller* unterstellte Formulierung, die assoziativ die Vorstellung einer Schiffsposition erweckt[184], zusammen mit der erfundenen Behauptung zur Minenlegung

183 *Scholder* Bd. 2, S. 379 Anm. 108, meint, die Aufzeichnungen der Beteiligten unmittelbar nach dem Empfang gäben keine Anhaltspunkte dafür, dass *Göring* den Text des Telefongesprächs verändert und dramatisiert habe, die Dramatisierung stamme vielmehr von *Coch*. Diese Annahme beruht auf einem evidenten Denkfehler: Die Kirchenführer (ausgenommen *Niemöller*) konnten die Frage einer Veränderung oder Dramatisierung des Gesprächstextes durch *Göring* nicht beurteilen, weil sie den tatsächlichen, im Abhörprotokoll verlautbarten Gesprächstext ja nicht kannten; das galt auch für *Coch*, der den tatsächlichen Wortlaut des Telefonats nicht »dramatisieren« konnte, weil er nur die (verfälschte) Version *Görings* gehört hatte.

184 Etwa die Position eines Kriegsschiffs bei einem Seegefecht oder einer Yacht bei einer Regatta.

nicht den Anknüpfungspunkt für die von *Hitler* und *Wurm* aufgestellte Behauptung, *Niemöller* habe sich bei dem Telefonat des »Matrosenjargons« bzw. der »Matrosensprache« bedient. Wie immer man dies aber auch bewertet, fest steht jedenfalls, dass *Niemöller* bei dem abgehörten Telefonat weder von Minenlegung noch im »Matrosenjargon« gesprochen hat[185]. Bestätigt wird das schließlich auch noch durch *Künneth*, der in seiner Autobiographie mitteilt, er habe damals *Niemöller* angerufen, um sich nach der Lage zu erkundigen, und dieser habe ihm »prompt« geantwortet: »Der Führer hat eben von dem Alten die letzte Ölung vor dem Empfang erhalten, damit die Sache gut läuft.«[186] Er selbst, so die Fortsetzung, habe wieder eingehängt und sich »nichts Besonderes dabei« gedacht. Wenngleich die zitierte Äußerung aus Gründen der zeitlichen Reihenfolge so nicht gefallen sein kann – das Telefonat fand um 10.15 Uhr statt, der Empfang *Hitlers* bei *Hindenburg* erst um 12 Uhr – bleibt doch festzuhalten, dass sie nicht im »Matrosenjargon« gesprochen war und kein Wort über Minen enthielt.

Dass *Niemöller* die Wiedergabe seiner telefonischen Äußerung nicht korrigiert hat, verwundert kaum. Die plausibelste Erklärung dafür ist wohl die, dass er sich, ohnehin überrumpelt, an den Wortlaut nicht mehr erinnerte, weil er – wie auch *Künneth* – dem Gespräch keine besondere Bedeutung beigemessen hatte und von dessen Verfälschung nichts ahnte.

185 Dies hat erstmals *Glenthøj*, S. 61, dargelegt, überzeugend begründet und mit Recht *Göring* die Fälschungen zugeschrieben.

186 *Künneth*, Lebensführungen, S. 133. Seltsamerweise ist offenbar niemand auf den Gedanken gekommen, *Künneth*, der noch lange gelebt hat (gest. 26. Oktober 1997), zum Inhalt des Telefonats zu befragen. Zum Vergleich: Würde ein Gericht in einem Strafrechtsfall, bei dem es auf den Inhalt eines Gesprächs ankommt, den Gesprächspartner nicht als Zeugen vernehmen, so wäre dies ein Verstoß gegen die Pflicht zur Sachaufklärung (§ 244 Abs. 2 StPO) und damit ein Verfahrensfehler, der auf entsprechende Rüge eines Verfahrensbeteiligten in der Revision zur Urteilsaufhebung führen müsste.

Schon bald nach dem Empfang begann die Gerüchteküche zu brodeln. Ein Beispiel dafür ist der Brief, mit dem 4 Liegnitzer Pfarrer am 12. Februar von *Niemöller* die Beantwortung von 6 Fragen zum Kanzlerempfang erbaten[187]. Die Frage 3 lautete:

> »Göring soll bei diesem Empfange Ihre Telefongespräche (und auch Reden?) durch Schallplatten wiedergegeben haben. Diese sollen belastendes Material enthalten haben, das für den Vorwurf der Reaktion ausreichen soll. Dabei wird nicht nur Ihre Äußerung von der letzten Ölung, die Hitler bei Hindenburg empfangen sollte, wiedergegeben, sondern auch im Zusammenhang damit die Bemerkung: »Von uns sind (bei Hindenburg) alle Minen (gegen Hitler) gelegt! Trifft das zu?«

Solche und ähnliche Anfragen veranlassten *Niemöller* dazu, am 16. Februar 1934 einen Rundbrief an die »lieben Brüder« des Pfarrernotbunds zu richten[188], den er mit der Erklärung einleitete, dass er in den letzten Tagen »beständig« wegen der Vorgänge bei dem Kanzlerempfang befragt werde, wobei aus den Anfragen unzweideutig hervorgehe, dass »offenbar planmäßig falsche und irreführende Darstellungen verbreitet« würden. Es sei ihm – so fügte er an – nicht möglich, die Anfragen einzeln zu beantworten. Deshalb gebe er im Folgenden »eine kurze Darstellung unter Bezugnahme auf die verbreitetsten falschen Gerüchte«. Ausdrücklich stellt er klar, dass es sich »nur um dies eine Gespräch« gehandelt habe, und widerspricht der Behauptung, dass es »auf einer Schallplatte vorgeführt worden« sei[189].

187 ZA EKHN Best. 62 Akz. Nr. 6023; Auszug auch bei *W. Niemöller*, Hitler, S. 39 Fn. 48.

188 ZA EKHN Best. 62 Akz. Nr. 6023; Wortlaut bei *Kretschmar/Nicolaisen*, Dokument II 9/34, S. 27 ff., und *W. Niemöller*, Hitler, S. 44 ff.

189 Auf die Behauptung zum Minenlegen geht *Niemöller* im Rundbrief nicht ein, hatte den Adressaten allerdings auch keine Widerlegung *aller* Gerüchte angekündigt oder versprochen.

Außerhalb des Notbunds verbreitete sich der Dampf der Gerüchteküche jedoch weiter. Ein geradezu absurd anmutendes Beispiel hierfür bildet das Schreiben des *Grafen Wedel*[190] an Landesbischof *Marahrens* vom 26. April 1934[191]. Darin teilt er dem Bischof mit, dass er bei *Meissner* gewesen sei, der ihm erzählt habe, *Frick* habe vor einiger Zeit den Kanzler davon überzeugt, dass der Reichsbischof seiner Aufgabe nicht gewachsen sei; *Hitler* sei bereit gewesen, ihn fallen zu lassen, und eben dies habe bei einer Besprechung zwischen *Hitler, Hindenburg, Frick* und ihm (*Meissner*) beschlossen werden sollen. Die Fortsetzung lautet:

> »In diese Lage seien nun plötzlich die unglücklichen Telephongespräche Pastor Niemöllers ... geplatzt. Es handle sich nicht nur um die bekannte Bemerkung von der letzten Oelung, vielmehr habe Niemöller, in dem wohl der alte U-Boots-Kommandant erwacht sei, direkt gesagt: es handle sich nicht nur um Glaubensfragen, sondern auch um Machtfragen. Diese Äußerungen, die Niemöller habe zugeben müssen, hätten bei Hitler ...«

Bei dem Zitat handelt es sich um eine angebliche Äußerung von *Frick* gegenüber *Meissner,* der sie wiederum ihm, *Graf Wedel,* erzählt haben soll, wovon dieser nun *Marahrens* brieflich berichtet[192]. Dahinstehen kann, ob *Frick* sich wirklich so geäußert hat, wie es der Briefschreiber, gestützt auf eine Information »aus zweiter Hand«, hier wiedergibt. Bejaht man dies[193],

190 *Botho Graf von Wedel,* geb. am 23. Dezember 1862, war ein deutscher Diplomat, zuletzt Botschafter in Österreich, seit 1919 im Ruhestand, identifizierbar anhand seiner Unterschrift mit der Paraphe *BGfWedel.*

191 LkAH L 2 Nr. 5b.

192 Die Äußerung kann so, wie sie lautet, nur von *Frick* stammen, nicht von *Meissner,* der bei dem Kanzlerempfang nicht zugegen war; missverständlich ist daher der Bericht von *Klügel,* Die lutherische Landeskirche, S. 97 Fn. 17, soweit er den Eindruck erweckt, die Darstellung reproduziere ein originär von *Meissner* erworbenes Wissen (»*Von Meissner ... wurde mitgeteilt:«*).

193 Dann erhebt sich freilich die Frage nach seinem Motiv. Möglicherweise diente ihm die Falschdarstellung als Nebelkerze, um gegenüber *Hitler* seine Kompromittierung durch das abgehörte *Niemöller*-Telefonat abzumildern und zugleich seine zuneh-

was angesichts der Glaubwürdigkeit sowohl des diplomatisch erfahrenen *Grafen* als auch *Meissners* naheliegt, bleibt aber jedenfalls festzuhalten, dass an der Darstellung des Verhaltens von *Niemöller* kein wahres Wort ist; sie ist erfunden. Es gab keine weiteren »Telephongespräche« *Niemöllers*, der angeblich in ihm »erwachte« U-Boot-Kommandant ist das Produkt einer ziemlich albernen Psychologisierung, und die ihm unterstellten Worte über Glaubens- und Machtfragen werden durch das Abhörprotokoll nicht belegt; sie sind im Übrigen so primitiv, dass sie zu *Niemöller* kaum passen: eher beleuchten sie die Grenzen des geistigen Horizonts ihres Erfinders.

Die »letzte Ölung«

Das Abhörprotokoll beginnt im ersten Satz mit einer einleitenden Aussage seines Verfassers (»Niemöller spricht ... und sagt«). Ohne erkennbaren Übergang sind die folgenden Sätze dann als Äußerungen des abgehörten Fernsprechteilnehmers, also im »O-Ton *Niemöller*«, aufgezeichnet[194] – durch sie hat das Telefonat seine Brisanz, Wirkung und Bekanntheit erlangt:

> »Der Reichspräsident empfängt Hitler in seinem Ankleidezimmer. Die letzte Ölung vor der Besprechung!«

Diese Äußerungen sind »zwischen Tür und Angel« gefallen. Als *Niemöller* das Telefonat im Dahlemer Pfarrhaus entgegennahm, war es ausweislich

mende Distanzierung von der Bekenntnisfront gegenüber ihren Anhängern zu verschleiern.

194 Merkwürdig ist, dass der Text des Abhörprotokolls die Anführungszeichen zur Kennzeichnung, dass von hier an der Abgehörte selbst spricht, nicht schon vor dem zweiten Satz (»Der Reichspräsident empfängt ...«), sondern erst zu Beginn des zweiten Absatzes setzt (»Ich bin froh ...); doch mag dies der Eile geschuldet sein, in der das Protokoll gefertigt und *Göring* übermittelt werden musste.

des Abhörprotokolls 10.15 Uhr. Und obwohl der Empfang erst um 13 Uhr stattfinden sollte, hatte er es eilig. In seinem Amtskalender ist für diesen Tag eingetragen »11 h zur Stadt« und »12 h Besprechg (!) mit den Leuten, die empfangen werden«[195]. Zwar vergingen vom Anruf bis zur Fahrt in die Stadt noch 45 Minuten, und für die Autofahrt zur Wilhelmstraße benötigte man auch damals sicherlich keine volle Stunde. Zu berücksichtigen ist aber, dass *Niemöller*, der womöglich noch anderes vorher erledigen wollte, vor wichtigen Terminen leicht nervös wurde und, da er sich dessen selber bewusst war, oft große »Zeitpuffer« vorsah[196]. Glaubhaft ist daher seine im Interview mit Gaus gegebene Darstellung, er habe auf die Frage von *Künneth*, ob alles vorbereitet sei, »sehr hastig« geantwortet, »da er den Wagen« (das Taxi) »vor der Tür« gehabt habe[197]. Zweifel lösen jedoch die Erklärungen aus, die er in den Interviews mit Gaus und Schmidt zum Zustandekommen der Wendung mit der »letzten Ölung« abgegeben hat. Heißt es bei Gaus, am Ende habe ihm seine Vikarin den Hörer aus der Hand genommen und das Gespräch fortgesetzt, so liest man bei Schmidt, seine Vikarin *Christa Müller* habe ihm den Hörer aus der Hand gerissen und hineingerufen: »um ihm die letzte Ölung zu geben«[198]. Beide Versionen harmonieren zwar untereinander, lassen sich aber mit dem Abhörprotokoll, das keinen Stimmenwechsel verzeichnet, nur schwer vereinbaren. Hinzu kommt, dass *Niemöller* im Gaus-Interview den Reichskanzler mit dem Reichsbischof verwechselt[199] und in einem Schreiben an seinen Bruder Wilhelm vom 12. Mai 1959[200] die »Exegisierung« des ihm ab-

195 ZA EKHN Best. 62 Akz. Nr. 6096.

196 Das jedenfalls ist die Erfahrung des *Verf.*, der seinen Vater in den 50er- und 60er-Jahren mehrfach auf Autoreisen zu Predigtgottesdiensten in hessischen Kirchengemeinden begleitet hat.

197 *Niemöller,* Interview mit Günter Gaus.

198 *Niemöller,* Interview mit Günter Gaus; *ders.*, Interview mit Dietmar Schmidt, S. 57.

199 »... daß wir den Reichspräsidenten Hindenburg informiert hätten und daß er heute morgen noch dem Reichsbischof (!) irgendetwas sagen würde«. Das war mutmaßlich ein bloßer Versprecher.

200 ZA EKHN Best. 62 Akz. 6023: »Im Augenblick scheint noch alles vernagelt und verklebt zu sein.«

schriftlich zugesandten Abhörprotokolls noch unter Berufung auf eine Gedächtnisblockade abgelehnt hatte.

Wahrscheinlicher ist, dass *Niemöller* nach dem protokollierten Satz »Der Reichspräsident empfängt Hitler in seinem Ankleidezimmer« noch etwas über den Zweck dieser Audienz hinzusetzen wollte, etwa »Da bekommt Hitler von ihm ...«, aber an diesem Punkt vor einer Wortfindungschwelle stand, ins Stocken geriet und in der dadurch entstandenen Pause einen Zuruf erhielt, den er übernahm und der dann als seine Äußerung mit den Worten »Die letzte Ölung vor der Besprechung!« Eingang ins Abhörprotokoll fand. Ähnlich hat *W. Niemöller* den Vorgang dargestellt:

> »Da Niemöller in großer Eile war, da er zudem stehend frühstückte, ging das Gespräch schnell ... vor sich. Andere Personen waren im Studierzimmer zugegen. Als von der vorsorglichen Information des Reichspräsidenten die Rede war und Martin Niemöller nach einem Wort suchte für das, was Hindenburg dem Reichskanzler mitteilen würde, rief ein anderer, den angefangenen Satz vollendend ›... die letzte Ölung empfangen‹.«[201]

Dieser »andere« soll, so *W. Niemöller*, nicht die Vikarin, sondern (cand. theol.) *Ernst Eisenhardt* gewesen sein, auf den er sich als Zeugen beruft; dieser habe sich damals »wegen der Fülle der Ereignisse für einige Zeit ... im Dahlemer Pfarrhaus« aufgehalten und »während des Gesprächs ... den Zweithörer in der Hand« gehabt, *Niemöller* habe seinen Zuruf »vermutlich aufgenommen«[202]. Welche dieser nach langer Zeit entstandenen Versionen aber auch immer den Vorzug verdient, fest steht jedenfalls,

201 *W. Niemöller*, Hitler, S. 38.

202 *W. Niemöller*, Hitler, S. 38 Fn. 44 mit weiteren Details. Seine Darstellung ist plausibel, leidet aber am unzulänglichen Nachweis der Quelle. Wann, wo und wie ihm das (offenbar nicht in Schriftform gefaßte) Wissen *Eisenhardts* vermittelt worden ist, bleibt im Dunkeln. Das wiegt umso schwerer, als einige seiner Angaben zum selben Geschehen (z.B. zum Zeitpunkt des Telefonats: »gegen 9 Uhr« und des Treffens der Kirchenführer vor der Audienz: »10 Uhr«) nachweislich unzutreffend sind.

dass man *Niemöller* diese Äußerung, zu der er sich immer bekannt hat, als eigene zurechnen muss.

Ebenso gewiss ist, dass er mit dem Begriff der »letzten Ölung« die Bedeutung einer »letzten Vorbereitung oder Information«[203], im heutigen Sprachgebrauch: eines *briefing*, verband. Das nämlich gehört – freilich im Hinblick auf einen geistlich-seelorgerischen Zweck – zu Sinn und Wirkung des gleichnamigen, heute[204] nur noch Krankensalbung genannten Sakraments[205], wie es in der römisch-katholischen Kirche nach vorgeschriebenem Ritus gespendet wird. Dies war im Gespräch zwischen zwei theologisch Vorgebildeten wie *Niemöller* und dem fachlich noch kompetenteren *Künneth*, dem späteren Erlanger Ordinarius für systematische Theologie, nicht nur mitgedacht, sondern nach beider Verständnis auch mit zum Ausdruck gebracht, wobei sich angesichts des säkularen Kontexts von selbst verstand, dass der Zweck der sakramentalen Krankensalbung, den Kranken »dem leidenden und verherrlichten Herrn« anzuempfehlen, »damit er« ihn »aufrichte und rette«[206], ausgeblendet war. Ganz anders aber wirkte dieselbe Äußerung mit der Wahl desselben Worts auf Dritte, nachdem sie durch die Abhöraktion *Görings* aus dem geschlossenen Kommunikationsraum des Telefongesprächs zweier Theologen herausgelöst und in den anderen, größeren und halböffentlichen Kommunikationsraum des Kanzlerempfangs versetzt worden war. Soweit der Bedeutungsgehalt einer Äußerung vom Empfängerhorizont her zu bestimmen ist, muss das Wort von der »letzten Ölung« in den Ohren von *Hitler* schlimm geklungen haben, und dies gleich aus zwei Gründen: einmal unter dem Aspekt der volkstümlichen Bedeutung der »letzten Ölung« als Sterbesakrament mit der unvermeidlichen Konnotation der Erwartung des unmittelbar

203 So ausdrücklich *Niemöller* in seinem Rundbrief.

204 Nach dem II. Vatikanischen Konzil.

205 CIC 1983 Can. 1004 § 1: Die Krankensalbung kann dem Gläubigen gespendet werden, der nach Erlangung des Vernunftgebrauchs aufgrund von Krankheit oder Altersschwäche in Gefahr gerät.

206 CIC 1983 Can. 998 nach dem biblischen Einsetzungstext Jakobus 5, 14-16.

bevorstehenden (imminenten) Todes[207], zum anderen – und dies wohl noch stärker – unter dem Gesichtspunkt einer unerbetenen, lästigen und letztlich auch sein Ansehen schmälernden Fremdsteuerung des eigenen Handelns, hier durch den ihm übergeordneten Reichspräsidenten.

War Niemöller unvorsichtig?

Nach dem Misslingen des Kanzlerempfangs und der anschließenden Kapitulation der nicht-deutschchristlichen Bischöfe gegenüber dem Reichsbischof gaben einige Vertreter der Bekenntnisfront die Schuld daran *Niemöller*. So bemerkte *Wurm* in seinem Brief an Buttmann vom 2. Februar 1934 unter Bezug auf das abgehörte Telefonat: »Diesmal hat der U-Bootführer nicht den Gegner, sondern den Freund und sich selbst torpediert!«[208]; noch einmal äußerte er sich dazu in einem Schreiben an den rheinischen Bekenntnispfarrer Karl Immer vom 22. Februar 1934:

> »Ich habe auch den Eindruck, daß viel zu viel geschwätzt und kolportiert wurde. Manche Leute lebten ja nur noch vom Herumtragen wahrer und legendärer Erzählungen. Das Mißgeschick, das infolge dieser Sucht dem wackeren Niemöller passiert ist, hat dann die Sache vollends kaput (!) gemacht.«[209]

207 Diese Deutung lag nach dem damals geltenden Kirchenrecht sogar nahe, denn danach durfte dies Sakrament nur einem Empfänger gespendet werden, der sich »aufgrund von Krankheit oder Altersschwäche in Todesgefahr« befand, so das Rituale Romanum (1614), in dessen Auflage von 1925 die Cann. 938–944 des CIC 1917 integriert worden waren, *Kaczynski*, Feier der Krankensalbung, S. 241ff., 289f. und 296.

208 LKA Stuttgart D 1, 47, 2. Nach *Kretschmar/Nicolaisen*, Dokument II 9/34, S. 24 Anm. 11, hat Frau *Buttmann* am Tag des Empfangs in ihrem Tagebuch notiert: »Die Gegenseite verscherzt sich ihre Aussichten durch ein dummes Telephongespräch, …«

209 *Wurm* nach *Lekebusch*, S. 112, in Verbindung mit Fn. 207, 209. Wieso die Beantwortung der telefonischen Sachstandsanfrage eines Amtsbruders als Zeichen der »Sucht« des

Ähnlich urteilte der Hamburger Landesbischof *Schöffel* in seinem Schreiben an Immer vom 23. Februar 1934, indem er – ohne Namen zu nennen – erklärte, die »Führung« des Pfarrernotbundes habe »in unverantwortlicher Weise versagt und im entscheidenden Augenblick eine große Stunde verdorben«[210]. Auch *Weber* meinte, *Niemöller* Fahrlässigkeit vorwerfen zu müssen: Nach dem Bericht, den er laut *Hesses* Tagebucheintrag vom Kanzlerempfang gab, äußerte er die Vermutung, *Niemöller* habe »wohl vergessen, wo in Berlin die Mikrophone liegen«[211]. Schließlich erhob man auch außerhalb des Kreises der am Empfang Beteiligten gegen ihn schwere Vorwürfe. So schrieb *Graf Wedel* am 4. März 1934 an den mit ihm befreundeten Pastor Grimm:

> »Und dann die unverzeihliche Unvorsichtigkeit des Pastors Niemöller ... Man weiß doch, daß die Telephongespräche oft abgehört werden, wie konnte er so leichtsinnig sein? Da ist der alte U Bootskommandant, der Draufgänger mit ihm durchgegangen. Aber der Schaden ist unermeßlich.«[212]

Aber der Fahrlässigkeitsvorwurf ist nicht zu halten. Zwar konnte sich *Niemöller* nicht auf die Wahrung des Fernsprechgeheimnisses verlassen, es war durch § 1 der Verordnung des Reichspräsidenten zum Schutz von Volk und Staat (»Reichstagsbrandverordnung«) vom 28. Februar 1933 (RGBl. I S. 83) abgeschafft worden[213]. Auch hätte es nichts genutzt, unter Berufung auf den erklärten Zweck der Verordnung (»zur Abwehr

Angerufenen zum »Herumtragen wahrer und legendärer Erzählungen« gelten soll, ist nicht so recht klar.

210 *Schöffel* nach *Lekebusch*, S. 112 f.; *Hermelink*, S. 66, nannte das Telefonat »verhängnisvoll«, was jedoch nur die Folge beschreibt, aber keine Verhaltenskritik impliziert.

211 *Weber* nach *Hesse* in: *Lekebusch*, S. 366. Die Vermutung ging fehl: *Niemöller* hatte bis dahin nichts von einer Telefonüberwachung gewusst, also nichts »vergessen«, und es handelte sich wohl auch nicht um eine Gesprächsaufnahme durch Mikrofone (»Wanzen«), sondern eher um ein Anzapfen der Telefonleitung durch Aufschaltung einer Abhörleitung im örtlichen Kabelverteiler.

212 LkAH N 5 Nr. 45.

213 Übersehen von *W. Niemöller*, Hitler, S. 39.

kommunistischer staatsgefährdender Gewaltakte«) darauf zu verweisen, dass dieser Zweck bei der Überwachung von Geistlichen nicht in Betracht komme und mithin die Beschränkung des Fernsprechgeheimnisses insoweit nicht gelte; denn die neuen Machthaber, soviel war klar, würden sich von solchen juristischen Feinheiten (wie es die »teleologische Reduktion« eine ist) nicht von der Ausschöpfung aller durch den Gesetzeswortlaut eingeräumten Eingriffsbefugnisse abhalten lassen, ganz abgesehen davon, dass – wie in Anlehnung an das bekannte Diktum *Adornos* zu sagen wäre – es keine richtige Gesetzesauslegung im falschen Gesetz gibt.

Aber *Niemöller* hat nach seinen glaubhaften Angaben[214] von der Überwachung seines Telefonanschlusses nichts gewusst und konnte davon auch nichts wissen. Präzedenzfälle im Bereich des Kirchenstreits gab es nicht oder waren, wenn es sie gab, jedenfalls – entgegen der Behauptung des *Grafen Wedel* – nicht bekannt. Das von *Göring* installierte, unter einem Decknamen agierende »Forschungsamt« war geheim, und seine Tätigkeit war es erst recht[215]; sie hatte auch erst vor rund neuneinhalb Monaten begonnen. Kein Betroffener, dem das *Göring* nicht angedeutet hatte, ahnte, dass von einer Stelle außerhalb der hierfür bekannten Behörden eine Überwachung seines Telefonanschlusses veranlasst und realisiert werden konnte.

Auch für *Niemöller* lag diese Möglichkeit hinter dem Horizont des Vorhersehbaren. Nach allem, was man darüber weiß, war er zumindest im Bereich der Kirche das erste namhafte Opfer der *Göring'schen* Ausforschung. Der Gedanke, als unbescholtener Bürger und Geistlicher ohne erkennbaren Anlass ausspioniert zu werden, musste sich ihm umso weniger aufdrängen, als der Reichsinnenminister durch Anordnung vom 30. November 1933 und Runderlass vom 19. Januar 1934 aufgrund ausdrücklicher Entscheidungen des Reichskanzlers bestimmt hatte, dass

214 *Niemöller,* Interview mit Dietmar Schmidt, S. 56, *ders.*, Interview mit Günter Gaus.

215 Nicht ohne Grund trug das Abhörprotokoll den Stempelaufdruck »Streng vertraulich!«.

in den kirchlichen Meinungsstreit nicht eingegriffen werden solle und insbesondere Maßnahmen »wie Schutzhaft, Polizeibeschlagnahme und ähnliches« zu unterbleiben hätten[216]. Zwar galt das nicht für das »Forschungsamt«, das, soweit es überhaupt als staatliche Stelle anzusehen war, jedenfalls nicht beim Innenministerium ressortierte, und ebenso wenig für die Gestapo, die nicht dem Reichsinnenminister, sondern damals dem preußischen Ministerpräsidenten, also *Göring* unterstand. Doch jemand, der wie *Niemöller* keine Kenntnis von der Existenz des »Forschungsamts« hatte und die Zuständigkeitsverteilung in der staatlichen Organisationsstruktur nicht durchschaute, konnte sich durch den Anschein, den diese, von *Hitler* selbst autorisierten Erlasse erzeugt hatten, im Bereich der kirchlichen Auseinandersetzungen vor willkürlichen Eingriffen der Exekutive geschützt glauben. Dabei darf unterstellt werden, dass *Niemöller* als Leiter des Pfarrernotbunds diese Erlasse zumindest dem wesentlichen Inhalt nach kannte, da sie für den Notbund und die Tätigkeit seiner Mitglieder von großer Bedeutung waren.

Damit erweist sich der insbesondere von *Wurm* und *Schöffel* gegen *Niemöller* erhobene Vorwurf fahrlässigen Verhaltens, von *Wurm* und *Graf Wedel* noch unterfüttert mit dem Hinweis auf das draufgängerische Naturell des früheren U-Boot-Kommandanten, als unbegründet.

216 *Kretzschmar/Nicolaisen,* Dokumente I 58/33, S. 181, II 7/34, S. 13. Die rechtliche Einordnung dieser ministeriellen Akte ist fraglich. Diskutabel erscheint die Annahme, dass sie dem Grunde nach Entscheidungen des Reichskanzlers enthielten, die durch ministerielle Anordnung lediglich formell bekanntgemacht wurden und zur Ausführung den nachgeordneten Dienststellen zu übermitteln waren; bei einer solchen Auslegung könnten sie wegen der allerhöchsten Rechtsetzungsmacht des Kanzlers auch für das »Prüfungsamt« und die Gestapo bindend gewesen sein.

Hitler empört sich

Hitler reagierte auf die Bekanntgabe des von *Göring* verfälscht wiedergegebenen *Niemöller*-Telefonats mit Empörung. Ob diese Empörung eine natürliche emotionale Wirkung des gerade Gehörten war oder, wie so oft bei ihm, ein gespielter oder autosuggestiv selbstgezüchteter Erregungszustand, dazu bestimmt, sich eindrucksvoll als zornigen und furchteinflößenden Gebieter zu inszenieren, ist nicht ganz klar[217].

Alles spricht dafür, dass *Hitler* von der Darbietung *Görings* in der Versammlung nicht überrascht war, weil dieser sie ihm schon angekündigt, die Aufzeichnung des Telefonats gezeigt und die verfälschenden Zusätze mit ihm besprochen hatte. Zum einen verzögerte sich der Beginn des Kanzlerempfangs, nachdem *Göring* ins ›Bismarckzimmer‹ zu *Hitler* geeilt war, um eine Viertelstunde: das nährt den Verdacht, dass in dieser Zeitspanne von den im selben Zimmer weilenden Männern das Szenario der spektakulären Präsentation des *Niemöller*-Telefonats verabredet wurde. Und für ein solches Komplott spricht noch ein weiterer Umstand: *Hitler* hat 1940 gegenüber *Rosenberg* und 1942 in einem Tischgespräch[218] den Verlauf der Dinge so dargestellt, dass *Niemöller* mit »heuchlerischen« Worten und »vielen Bibelzitaten« für die Absetzung des Reichsbischofs eingetreten sei – daraufhin habe *er*, *Hitler*, den Inhalt des Telefongesprächs durch *Göring verlesen lassen*. Diese Darstellung ist zwar insoweit falsch, als die Verlesung des Telefonats stattfand, bevor *Niemöller* zu Wort kam, enthält aber implizit *Hitlers* Eingeständnis, den Inhalt des

217 *Niemöller* hat im Interview mit Dietmar Schmidt, S. 57, die Vermutung geäußert, *Hitler* sei »wohl auch wütend auf Göring« gewesen, ihm habe »dieses Zwischenkommen von Göring in gar keiner Weise« gepasst. Das ist jedoch angesichts der feindlichen Haltung, die *Hitler* gegenüber dem Notbund im Allgemeinen und *Niemöller* im besonderen einnahm, auszuschließen. Wahrscheinlich hat *Hitler* hier geschauspielert, um sein Komplott mit *Göring* zu verschleiern.

218 *Hitler* nach *Seraphim*, Das politische Tagebuch; *ders.* nach *Picker*, Tischgepräche (Fn. 159).

Telefonats nicht erst durch die Verlesung beim Auftritt *Görings* erfahren, sondern schon vorher gekannt zu haben; denn es macht keinen Sinn, zur Bloßstellung des Gegners ein Schriftstück *verlesen zu lassen,* dessen Inhalt man selber nicht kennt. Kannte *Hitler* aber die Aufzeichnung des *Niemöller*-Telefonats schon vor der Verlesung, dann liegt die Vermutung mehr als nahe, dass der Coup mit seinem gesamten Ablauf zwischen *Hitler* und *Göring* abgesprochen war.

Wie *Hitler* seine Empörung zum Ausdruck brachte, ergibt sich aus den Berichten einiger Teilnehmer des Empfangs. Seltsamerweise erfährt man bei *Niemöller,* obwohl er doch Auslöser der zornigen Reaktion *Hitlers* und unmittelbarer Adressat seiner Vorwürfe war, hierüber wenig Konkretes. In seinem Rundbrief an die »lieben Brüder« vom 16. Februar[219] heißt es dazu nur trocken, *Hitler* habe »dann seinerseits das Wort genommen, begreiflicherweise zunächst erregt und dann ernst«. Dramatischer liest sich der Vorgang in seinen Interviews mit Gaus und Dietmar Schmidt. Im Gaus-Interview[220] erinnert er sich, dass *Hitler* eine »Kanonade« gegen ihn gerichtet und lange auf ihn eingeredet habe, im Interview mit Dietmar Schmidt[221] steht zu lesen, *Hitler* sei gegen ihn »losgebraust«, er selbst habe einen »Donnerschlag« erwartet, der sei dann aber verhältnismäßig »glimpflich« ausgefallen.

Was *Hitler* gesagt hat, teilt er nicht mit. Ergiebiger sind darin die Berichte von *Coch, Wurm, Meiser* und *Kinder*. Nach der Darstellung *Cochs* wandte sich *Hitler* »in heiligem Zorn« an *Niemöller* und rief ihm zu: »Glauben Sie, daß Sie mit so unerhörter Hintertreppenpolitik einen Keil zwischen den Herrn Reichspräsidenten und mich treiben können und damit die Grundlage des Reiches gefährden können?«[222]

219 *Niemöller,* Rundbrief.

220 *Niemöller,* Interview mit Günter Gaus.

221 *Niemöller,* Interview mit Dietmar Schmidt, S. 57.

222 *Coch,* AELKZ 1934, Sp. 177 ff., 179. Der zweite Teil des Fragesatzes passt nicht so recht, er erweckt den Eindruck, als hätte *Niemöller* die Gefährdung der »Grundlage des Reiches« beabsichtigt, was *Hitler* ihm wohl nicht unterstellen wollte; dass *Hitler* auch diesen Halbsatz gesagt hat, ist daher fraglich, kann jedenfalls nicht als bewiesen gelten.

Ganz ähnlich teilt *Wurm* in seinem Schreiben an Hammerschmidt mit, *Hitler* habe bei seiner »sehr scharfen Äußerung« nach Bekanntgabe des Telefonats erklärt, er »verbitte sich, daß hinter seinem Rücken beim Reichspräsidenten gegen ihn intriguiert (!) werde«[223]. In seinen Erinnerungen schreibt er, die aus dem Telefonat verlesenen Sätze hätten wie ein »Streichholz auf ein Feuerwerk« gewirkt, *Hitler* sei emporgefahren: »Wie können Sie solch eine Hintertreppenpolitik machen und versuchen, den Reichspräsidenten gegen den Reichskanzler auszuspielen?«[224]. Nach der Darstellung *Cochs*[225], der die augenblickliche Verhaftung *Niemöllers* erwartet haben will, sagte er ihm: »Ich tue nichts, mich können Sie nicht beleidigen«, und machte dann, sich auf seine Liebe zu Deutschland berufend, längere Ausführungen, mit denen er – wie *Kinder*[226] berichtet – eine Reihe von Gedanken, Ansichten und Wertungen vortrug. Vor allem hielt er *Niemöller* vor, nun nicht mehr in der Lage zu sein, den Reichsbischof zu entlassen. *Wurm* zitiert ihn in seinen Erinnerungen mit den Worten: »Selbst wenn ich mich von dem Reichsbischof hätte trennen wollen, jetzt kann ich es nicht mehr, das werden Sie verstehen.«[227] Und *Meiser* lässt ihn in seinem Schreiben an Präses Koch vom 6. April 1939 sagen: »Selbst wenn ich den Reichsbischof Müller hätte fallen lassen wollen, ist es mir nun nicht mehr möglich, nachdem Sie die Autorität des Herrn Reichspräsidenten gegen meine Autorität ausgespielt haben.«[228]

223 *Wurm*, Brief an Hammerschmidt.

224 *Wurm*, Erinnerungen, S. 94.

225 *Coch*, AELKZ 1934, Sp. 179; auch bei *Kretschmar/Nicolaisen*, Dokument II 9/34, S. 29f.

226 *Kinder*, Neue Beiträge, S. 45.

227 *Wurm*, Erinnerungen, S. 94; fast wortgleich *ders.* im Schreiben an Hammerschmidt, wo diese Äußerung vor den Vorwurf des Intrigierens gestellt ist, obgleich die Reihenfolge, in der die beiden Äußerungen gefallen sind, wohl eher umgekehrt war, weil es psychologisch näher liegt, erst seiner Empörung (emotional) Luft zu machen und dann erst dem, der sie ausgelöst hat, die nachteiligen Folgen seines Handelns (rational) vor Augen zu führen.

228 *Meiser*, Schreiben an Koch, in: *Kretschmar/Nicolaisen*, Dokument II 9/34, S. 21, 22.

Niemöller in der Defensive

Hitler forderte daraufhin *Niemöller* zur Äußerung auf. *Niemöller* berichtet den »lieben Brüdern« in seinem Rundbrief vom 16. Februar[229], er habe sich »in voller Ausführlichkeit« äußern dürfen und habe dabei erklärt,

> »daß wir uns an den Reichspräsidenten als an das erste Glied der Evangelischen Kirche gewandt haben, um eine Katastrophe der Kirche zu verhüten, und dass uns dabei nicht zum wenigsten unsere Sorge um Volk und Vaterland, um das dritte Reich, getrieben habe, als dessen Glieder wir uns völlig fühlen«.

Hitler habe darauf entgegnet: »Die Sorge um das dritte Reich überlassen Sie mir und sorgen Sie für die Kirche.«

Diese Darstellung wird im Wesentlichen von fast allen Teilnehmern, die sich hierzu erklärt haben, mit einigen Varianten, Auslassungen und Zusätzen bestätigt. *Meiser* hat in seinem Schreiben an Präses Koch[230] berichtet, *Niemöller* habe »den Verdacht von sich abzuwenden versucht, als verberge sich hinter seinem Verhalten eine staatsfeindliche Gesinnung«, dabei habe er darauf bestanden, »daß alle Schritte, die er für die evangelische Kirche unternommen habe, nicht zuletzt der Sorge für das deutsche Volk und das dritte Reich entsprungen« seien; hierauf habe der Führer erwidert: »Die Sorge für das deutsche Volk und das dritte Reich lassen Sie meine Sorge sein.«[231] In der Aufzeichnung von *Wurm*[232] liest man, *Niemöller* habe versucht, den Inhalt des Telefonats »aus dem schweren Kampf, den der Pfarrernotbund seit Monaten um die Aufrechterhaltung des kirchlichen Bekenntnisses zu führen habe«, verständlich zu machen, und dabei klargestellt, »daß dieser Kampf nicht gegen das Dritte Reich gehe, sondern

229 *Niemöller*, Rundbrief.
230 *Meiser*, Fn. 228.
231 Hier wie auch sonst fehlt der Nachsatz »und sorgen Sie für die Kirche«.
232 *Wurm*, Aufzeichnung, in: *Kretschmar/Nicolaisen*, Dokument II 9/34, S. 23, 24.

auch für dieses Reich geführt werde«; darauf habe *Hitler* »sehr scharf« entgegnet, die Sorge um das Dritte Reich solle man ihm überlassen. Ähnlich hat *Wurm* in seinem Schreiben an Hammerschmidt[233] ausgeführt, *Niemöller* habe betont, »daß ihn nicht bloß die Sorge für die Kirche, sondern auch die Sorge um das Dritte Reich bewege«, worauf der Führer gefordert habe: »Diese Sorge überlassen Sie mir!« Schließlich schreibt *Wurm* in seinen Erinnerungen[234], *Hitler* habe auf die Äußerung *Niemöllers,* »es gehe ihm nicht nur um die Kirche, sondern auch um das deutsche Volk«, geschrien: »Die Sorge um das deutsche Volk überlassen Sie mir!«

Die Darstellungen der DC-Vertreter *Adler, Coch* und *Kinder* setzen die Akzente – kaum überraschend – etwas anders. *Adler*[235] zitiert *Niemöller* mit einer einleitenden Entschuldigung: »Wenn ich mich dabei im Ausdruck vergriffen habe, so ist das allein aus der Not und Sorge um unsere Kirche, unsern Glauben zu verstehen. Aber was mich bewegt, ist nicht nur die Sorge um die Kirche, sondern auch die Sorge um Ihr Drittes Reich!«; hier habe *Hitler* heftig unterbrochen: »Schluß! Herr Pfarrer! Die Sorge um das Dritte Reich überlassen Sie gefälligst mir!«[236] *Coch*[237] wiederum teilt mit, *Niemöller* sei, nachdem er sich zu dem Inhalt des Telefonats bekannt habe, »bemüht« gewesen, »nun zu gestehen, daß nichts anders (!) als heilige Sorge um die Kirche und um Jesus Christus[238] ihn immer bei seinem Tun getrieben habe, auch die Sorge um das Dritte Reich, ›um Ihr Deutsches Volk‹«, worauf ihn der Kanzler mit der Aufforderung unterbrochen habe, »die Sorge um das Dritte Reich lassen Sie meine Sorge sein!«. Nach

233 *Wurm*, Schreiben an Hammerschmidt.

234 *Wurm*, Erinnerungen, S. 94.

235 *Adler,* Aufzeichnung, S. 206.

236 *Adler* räumt nach diesen saftig formulierten Zitaten im nächsten Absatz ein, dass die von ihm »gebrachte« (recte: gebrauchte) direkte Rede nur sinngemäß zu verstehen sei.

237 *Coch,* AELKZ 1934, Sp. 179 f.

238 Dass *Niemöller* auch die »Sorge um Jesus Christus« als Triebfeder seines Handelns bezeichnet haben könnte, ist ausgeschlossen, die ihm insoweit unterstellte Äußerung wäre blanker Unsinn: um Christus braucht sich niemand zu sorgen.

Kinder[239] soll *Niemöller* behauptet haben, sein Handeln sei »aus Sorge für die Kirche und auch aus Sorge für den Staat erwachsen«, und die Entgegnung *Hitlers* habe gelautet: »Die Sorge um den Staat müssen Sie schon mir überlassen!«

Die Gesamtheit dieser Darstellungen ergibt – wie schon angedeutet – im Wesentlichen ein erstaunlich gutes und scharfes Bild. Wesentlich ist im Wortwechsel zwischen *Hitler* und *Niemöller* der Streit um die Zuständigkeit und Kompetenz zur Sorge um eine Ganzheit, und als diese Ganzheit erscheint in den Berichten von *Meiser, Wurm, Adler und Coch* das ›Dritte Reich‹, bei *Meiser, Wurm* und *Coch* außerdem das ›deutsche Volk‹. Das stimmt mit der Schilderung *Niemöllers* überein, der mit der damals geläufigen Formel ›Volk und Vaterland‹ noch das ›Vaterland‹ als Gegenstand seiner Sorge hinzugefügt hat. Lässt man die Version *Kinders* beiseite, der – wenig überzeugend – die Sorge auch um den ›Staat‹ als einziges Objekt des Zuständigkeitsstreits zu erinnern glaubt[240], so zeigt sich, dass die von den anderen Gewährsleuten in der Hauptsache bestätigte Darstellung *Niemöllers,* der den Wortwechsel mit *Hitler* geführt hat und somit selbst Betroffener war, uneingeschränkten Glauben verdient.

Nach der durch *Hesse* vermittelten Darstellung *Webers*[241] gab es noch »eine offenbar sehr erregte Auseinandersetzung« zwischen *Hitler* und *Niemöller*. »Letzterer«, so heißt es bei *Weber* weiter, »erwähnte Dinge wie die, daß Jacobi[242] am Abend vorher von 5 DC-Leuten in seiner eigenen Wohnung niedergeschlagen (scil. worden) sei, was aber beim Kanzler nicht verfing«[243]. Auch *Niemöller* berichtet, dass es »dann«, nämlich

239 *Kinder,* Neue Beiträge, S. 45.

240 *Kinder,* Fn. 239.

241 *Weber* nach *Hesse* in: *Lekebusch,* S. 366.

242 *Gerhard Jacobi,* einer der führenden Vertreter des Pfarrernotbunds und der Bekennenden Kirche, war seinerzeit Pfarrer an der Kaiser-Wilhelm-Gedächtniskirche in Berlin.

243 Diesen Vorfall erwähnt auch *Conrad,* S. 65: »Pfarrer Jacobi ... von fünf jungen Burschen in seiner Wohnung überfallen und mit Schlagringen blutig geschlagen«; dazu auch Junge Kirche 1934, 156.

nach dem Ende der »Kanonade« *Hitlers*, »eine ziemlich erhebliche Auseinandersetzung gegeben« habe[244]. Nicht mehr zu klären ist, um was es dabei ging und wann genau diese Auseinandersetzung stattgefunden hat. Sie könnte sich im Rahmen der Anhörung *Niemöllers* ereignet haben, die Erwähnung des Überfalls auf Jacobi würde gut an die Stelle passen, an der *Niemöller* versuchte, seine telefonischen Äußerungen aus dem »schweren Kampf« des Pfarrernotbunds zu erklären[245]. Sie könnte aber auch schlicht die Konfrontation gewesen sein, die darin bestand, dass *Niemöller* die Sorge für Volk und Vaterland auch für die Kirche reklamiert und *Hitler* dies brüsk zurückgewiesen hatte. Und sie könnte schließlich auch erst im Anschluss an diese Konfrontation stattgefunden haben, wofür immerhin spricht, dass sie von *Weber* in den Kontext der späteren Verlesung belastender Unterlagen durch *Göring* gestellt worden ist. Wie immer sich dies verhalten mag: dass es eine, womöglich nur kurze Auseinandersetzung gegeben hat, die über den Austausch zweier Sätze hinausging, lässt sich wohl nicht bestreiten, will man nicht *Weber* unterstellen, ein Detail seines im Übrigen glaubhaften Berichts erfunden zu haben.

Nach der Darstellung *Kinders*[246] soll *Hitler* unmittelbar nach Behauptung seiner ausschließlichen Kompetenz für die Sorge um das deutsche Volk *Niemöller* nochmals angesprochen und gesagt haben:

> »Ihr Gespräch kann mich nicht beleidigen. Wer bin denn ich? Ich muß damit rechnen, angegriffen zu werden. Sogar mein Leben steht täglich auf dem Spiel, so z.B. wenn es irgendeinem Phantasten einfallen sollte, ein Attentat auf mich zu versuchen. Aber ich bin nun einmal der Kanzler des neuen Reichs, und da kann ich nicht dulden, daß zwischen mich und den Präsidenten des Reichs Differenzen getragen werden.«

244 *Niemöller*, Interview mit Günter Gaus.
245 *Wurm*, Aufzeichnung, in: *Kretschmar/Nicolaisen*, Dokument 9/34, S. 23, 24.
246 *Kinder*, Neue Beiträge, S. 45.

Diese Äußerung passt zwar nicht an die Stelle, an die sie von *Kinder* gesetzt worden ist; sie könnte jedoch im Rahmen der »Kanonade« *Hitlers* und damit vor der Erwiderung *Niemöllers* gefallen sein. Dass *Hitler* in diesem Zusammenhang seine eigene Gefährdung ins Spiel gebracht hat, ist durchaus plausibel.

Mit *Hitlers* Zurückweisung des Anspruchs der Kirche auf die Sorge um ›Volk und Vaterland‹ war jedenfalls der Auftritt *Niemöllers* fürs erste beendet. Nach den Berichten von *Meiser* und *Wurm* meldete er sich zwar »immer wieder« durch Erheben der rechten Hand zu Wort, wurde jedoch von *Hitler,* der jeweils das Wort erteilte, »geflissentlich übersehen«[247]. Das deckt sich im Übrigen mit seiner eigenen Darstellung[248].

Göring klagt an

Wiewohl es nicht einfach ist, die zeitliche Reihenfolge der unterscheidbaren Abschnitte des Kanzlerempfangs zu bestimmen, so ist doch einigermaßen sicher, dass auf die Konfrontation zwischen *Hitler* und *Niemöller* als nächstes die Präsentierung des von *Göring* gesammelten Belastungsmaterials folgte. Dies lag zumindest in der Logik eines zwar nicht nachweislich, aber höchstwahrscheinlich von *Hitler* und *Göring* gemeinsam gefassten Plans, zunächst den Pfarrernotbund als lästigsten Teil der kirchlichen Opposition auszuschalten und hierzu nach dem ers-

247 *Meiser,* Bericht, S. 107; *ders.,* Schreiben an Koch, in: *Kretschmar/Nicolaisen,* Dokument II 9/34, S. 21f., der dort auf S. 23 *Niemöller* zugesteht, sich »durchaus mannhaft und wahrhaftig« benommen zu haben; *Wurm,* Schreiben an Hammerschmidt, der moniert, dass *Niemöller* nach seiner Anhörung zum Telefonat nicht »in die Reihen zurückgetreten«, also stattdessen vor der ›Front‹ stehengeblieben sei.

248 *Niemöller,* Rundbrief: »Zu diesen Dingen (scil. *Görings* Vorwürfen gegen den Notbund wegen angeblicher Auslandsbeziehungen) habe ich mich während des Empfangs nicht mehr äußern können.«

ten Schlag, der Bloßstellung *Niemöllers*, sogleich den zweiten Stoß zu führen, um so dem Angriff noch größere Wucht und Wirkung zu verleihen[249].

Göring verlas zunächst aus der Mappe »Politische Ausschreitungen evangelischer Geistlicher«, die 28 Berichte von Gestapo-Stellen enthielt[250], einzelne Belege, u.a. Auszüge aus Predigten und kirchlichen Presseartikeln. Sie sollten zeigen, dass »sich hinter dem Notbund die Reaktion verstecke«[251] und Pfarrer gegen das ›Dritte Reich‹ und den Nationalsozialismus eingestellt seien[252]. Nach der zutreffenden Deutung *Meisers* diente die Verlesung dem Zweck, den »Notbund außer Gefecht zu setzen und uns (scil. die kirchliche Opposition) in die Rolle der Angeklagten zu versetzen«[253]. Die einzelnen Berichte brauchen hier nicht dargestellt zu werden, zumal nicht mehr feststellbar ist, welche – ganz oder teilweise – zur Verlesung gekommen sind. Bemerkenswert aber ist, was *Hitler* bei der Verlesung des Zeitschriftenartikels eines Pastors erklärt hat: Von[254] »den Katholiken« seien »noch viel schlimmere Dinge gesagt« (scil. worden), er wolle das alles nicht verfolgen, wolle aber nur sagen, daß ihnen (recte: ihm) alles bekannt sei und die Pfarrerschaft solle sich hüten, nicht in die Stelle von Priestern gegen das Volk zu kommen«[255].

Des Weiteren verlas *Göring* aus der Mappe »Ausschnitte ausländischer Zeitungen«[256] einzelne Belegstellen und behauptete, Beweise für

249 Zur Taktik *Hitlers* im Kampf mit dem Gegner siehe dessen Äußerung vor Kreisleitern der Partei im April 1937, wiedergegeben von *Scholder*, Bd 2, S. 61.

250 BArch, R 43-II/161a; *Glenthøj*, S. 86 Nr. 12 I.

251 *Niemöller*, Rundbrief.

252 *Meiser*, Bericht, S. 107 und *Wurm*, Aufzeichnung, in: *Kretschmar/Nicolaisen*, Dokument II 9/34, S. 24.

253 *Meiser*, Bericht, S. 107.

254 Dies Wort ist im Originalzitat versehentlich ausgelassen und hier vom *Verf.* sinnentsprechend eingefügt.

255 *Weber* nach *Hesse* in: *Lekebusch*, S. 366; den Anlass zu dieser Bemerkung bot der Lokomotivführerartikel des Pastors Oltmann aus Loga in der Zeitschrift »Auf der Warte« vom Februar 1933.

256 BArch, R 43-II/161a, *Glenthøj*, S. 86 Nr. 12 II.

Auslandsbeziehungen der kirchlichen Opposition zu haben[257]. Auch hier schaltete sich *Hitler* wieder ein, warf dem Notbund seinerseits »unerlaubte Beziehungen zur Auslandspresse« vor[258] und beklagte sich »in leidenschaftlichem Ton« darüber, dass der Streit in der evangelischen Kirche »durch die Ausnützung der Auslandspresse die Stellung des Dritten Reichs sehr erschwere«[259]. Ganz ähnlich, aber ohne Zusammenhang mit *Görings* Verlesung von Presseartikeln, heißt es bei *Kinder*[260], *Hitler* habe gesagt, er könne und werde »nicht dulden, daß man sich der ausländischen Presse bedient und diese aus Kreisen der Kirche mit Hetzmaterial gegen Deutschland versorgt und damit die Stellung des Reichs im Ausland erschwert«.

Nach der Präsentation des Belastungsmaterials trat *Göring* nicht mehr in Erscheinung. Von der Regierungsseite ergriff auch niemand sonst noch das Wort[261]. Die Bühne gehörte nun *Hitler* allein, der sich in der Folge an die versammelten Kirchenführer wandte.

257 *Niemöller,* Rundbrief. Dort berichtet er auch, dass er *Göring* nach dem Empfang darauf angesprochen und solche Beziehungen des Pfarrernotbunds bestritten habe, woraufhin *Göring* gesagt habe, er werde ihm das Material zur Kenntnis bringen, was jedoch »bis jetzt« (16. Februar) nicht geschehen sei. Noch am Abend des 25. Januar hatten mehrere Gestapobeamte das Dahlemer Pfarrhaus durchsucht und zahlreiche Akten beschlagnahmt, jedoch kein entsprechendes Beweismaterial gefunden, *W. Niemöller,* Hitler, S. 46.

258 *Meiser,* Bericht, S. 107.

259 *Wurm,* Aufzeichnung, in: *Kretschmar/Nicolaisen,* Dokument II 9/34 S. 24. Dieses geradezu ›mittäterschaftliche‹ Zusammenwirken von *Hitler* und *Göring,* die beide dieselbe Argumentation verwendeten, liefert ein weiteres Indiz dafür, dass es sich um ein abgekartetes Spiel handelte. Umso seltsamer mutet es an, dass *Niemöller* noch 1983 gemeint hat, *Hitler* sei über die Intervention *Görings* wütend gewesen (Fn. 217).

260 *Kinder,* Neue Beiträge, S. 45.

261 *Adler,* Aufzeichnung, S. 206.

Der Führer spricht

Hitler begann seine anschließende Rede mit einem Lamento über die evangelische Kirche. Die Berichte von *Meiser* und *Wurm*[262] zitieren ihn mit entsprechenden Äußerungen. Dabei nannte er zwei Punkte. Zum einen die angeblich mangelnde Gefolgstreue der Kirche gegenüber ihm selbst und dem Nationalsozialismus: Die Kirche habe ihn in seinem 14-jährigen Kampf allein gelassen; viele evangelische Pfarrer hätten seine ›Bewegung‹, als sie noch nicht zum Siege gelangt sei, bekämpft. Zum anderen machte er geltend, die Kirche habe das Volk mehr und mehr verloren, und nun stehe es, nachdem es erwacht sei, nicht mehr auf der »Seite der Priester«[263]. Er habe – so stellt *Wurm* seine Äußerung dar – »den Versuch gemacht, der Kirche, die vielfach die Volksmassen verloren habe, vorwärts zu helfen«[264]. Nach der insoweit glaubhaften Darstellung *Kinders*[265] erklärte er ferner, er habe »von der Kirche Luthers« erwartet, dass sie das neue Reich stütze, und nicht, dass sie ihm Schwierigkeiten bereite, er habe »als Staatsmann ein Interesse an der Einheit der evangelischen Kirche«, deshalb habe er seinerzeit den Wehrkreispfarrer *Müller* zu seinem Bevollmächtigten bestellt und ihn beauftragt, diese Einheit zu fördern, er habe »das Amt eines Reichs-

262 *Meiser*, Bericht, S. 107, *Wurm*, Aufzeichnung, in: *Kretschmar/Nicolaisen*, Dokument II 9/34 S. 24.

263 Das ›Volk‹ gegen die ›Priester‹ und ›Pastoren‹ in Stellung zu bringen und letztere als ›volksfremd‹ zu diskreditieren, gehörte zum Standardrepertoire nicht nur des radikalen Flügels der DC.

264 *Wurm*, Aufzeichnung, in: *Kretschmar/Nicolaisen*, Dokument II 9/34 S. 24 will sich erinnern, dass *Hitler* der evangelischen Kirche schon an dieser Stelle mit dem Entzug der Finanzquellen gedroht habe: »wenn sie (scil. die Kirche) nicht imstande sei, die Stunde auszunützen, so ziehe er seine Hand zurück, auch in finanzieller Hinsicht«. Diese Drohung hat er aber nach allen anderen Berichten erst gegen Ende des Empfangs ausgesprochen.

265 *Kinder*, Neue Beiträge, S. 45.

bischofs begrüßt«[266], die »Person des Reichsbischofs« sei ihm »nicht wichtig«. Damit war *Hitler* nun auch in seiner an die versammelten Kirchenführer gerichteten Ansprache wieder am entscheidenden Punkt angelangt: dem Streit um Amtserhalt oder Entlassung *Ludwig Müllers* als Reichsbischof. Seine folgenden Ausführungen werden von *Adler*[267] wie folgt wiedergegeben:

> »Meine Herrn Bischöfe! Dieser Reichsbischof Ludwig Müller gefällt Ihnen also nicht. Sie wollen einen andern haben. Es mag für Sie bedeutungslos sein, daß er immerhin mein Parteigenosse und Vertrauensmann ist. Aber Sie können nicht leugnen, daß er nicht von mir eingesetzt, sondern auf dem geordneten Weg der Kirche in sein Amt gekommen ist. Während Sie – auch einige Herren, die hier gegen ihn sind! – ihn mit gewählt haben, verlangen Sie jetzt von mir – der ich Ihrer Kirche nicht angehöre –, daß ich ihn absetze! Ich kann es mir aber auch als Staatsmann nicht leisten, heute einen Reichsbischof zu bestätigen, um übermorgen wieder einen andern in dies Amt einzuweisen.«

Obwohl diese Darstellung überzeichnet erscheint – *Hitler* wird *Ludwig Müller* kaum als seinen Vertrauensmann bezeichnet haben –, trifft sie in wesentlichen Punkten doch zu, da sie darin auch von anderen Teilnehmern bestätigt wird. Das gilt insbesondere für den Vorhalt, dass die Kirchenvertreter den nunmehr abgelehnten Reichsbischof doch selber gewählt hätten. Dieser Vorhalt findet sich namentlich bei *Niemöller*, der im Gaus-Interview[268] *Hitler* mit den Worten zitiert: »Sie haben doch auf der Synode in Wittenberg den Reichsbischof selber gewählt. Ich habe

266 Gemeint ist die Einführung oder Schaffung des Amts. Nach *Kinder* soll *Hitler* dem angefügt haben: »weil durch die neue Reichskirchenverfassung dieses Amt mit der evangelischen Kirche verbunden ist«. Das kann aber so nicht gesagt worden sein, denn diese banale Feststellung macht als Begründung keinen Sinn.

267 *Adler*, Aufzeichnung, S. 207.

268 *Niemöller*, Interview mit Günter Gaus.

den nicht eingesetzt,« und ihm im Interview mit Dietmar Schmidt[269] die Worte in den Mund legt: »Ich habe ihn nicht gewählt, Sie haben ihn gewählt.« So zitiert ihn auch *Kinder*[270]. Darüber, was *Hitler* in unmittelbarem Zusammenhang mit diesem Vorhalt gesagt hat, gehen die Berichte der Zeugen dagegen etwas auseinander. Nach der bereits wiedergegebenen Darstellung *Adlers* hat *Hitler* die Entlassung des Reichsbischofs mit der Begründung abgelehnt, er könne es sich als Staatsmann nicht leisten, eine einmal getroffene Personalentscheidung »vom einen auf den anderen Tag« umzustoßen. Laut *Niemöller* hat *Hitler* aber schon seine Zuständigkeit verneint (»Wenn Sie ihn loswerden wollen, müssen Sie ihn selbst loswerden. Aber ich tu dazu nichts mehr.« – »Sie können ihn absetzen, können das auch bleiben lassen, das ist nicht meine Angelegenheit.«). *Kinder* zitiert *Hitler* im selben Sinne (»Ich halte den Mann nicht! Auf mich kann er sich nicht berufen. Sie haben ihn gewählt, und es liegt bei Ihnen, ob er Reichsbischof bleiben soll oder nicht.«), und auch nach dem Bericht *Meisers*[271] hat *Hitler* ihn ganz einfach zur Disposition der Kirchenführer gestellt (»Machen Sie mit dem Reichsbischof, was Sie wollen.«). Diese unterschiedlichen Darstellungen lassen sich aber als Doppelbegründung durchaus miteinander vereinbaren, und sie treffen sich jedenfalls im Ergebnis: *Hitler* war, wie er deutlich genug zu erkennen gab, nicht bereit, *Ludwig Müller* aus dem Amt des Reichsbischofs zu entfernen.

Danach oder dabei[272] kam *Hitler* auf die Denkschrift von *Friedrich Werner* zu sprechen. *Werner*, der nach seiner Absetzung als rechtskundiges Mitglied des Geistlichen Ministeriums eine persönliche Fehde mit dem Reichsbischof austrug, hatte in Absprache mit Ministerialrat *Con-*

269 *Niemöller*, Interview mit Dietmar Schmidt, S. 57.

270 *Kinder*, Neue Beiträge, S. 46.

271 *Meiser*, Bericht, S. 106; die Zitate von *Niemöller* und *Kinder* wie Fn. 268 - 270.

272 Die genaue Reihenfolge der Äußerungen *Hitlers* ist zweifelhaft, aber auch nicht von allzu großer Bedeutung; der *Verf.* ist bei seiner Darstellung derjenigen gefolgt, die ihm am plausibelsten erscheint.

rad[273] Material zur Belastung von *Müller, Oberheid* und *Jäger* zusammengetragen und zu einem Memorandum[274] verarbeitet, das *Hitler* zugeleitet worden war. Dies Memorandum enthielt eine Reihe von persönlichen Vorwürfen, die darauf angelegt waren, die moralische Integrität des Reichsbischofs und seiner beiden Berater zu erschüttern. Es war in den Kreisen der Bekenntnisfront teilweise als durchaus wirksame Waffe im Kampf um die Absetzung des Reichsbischofs eingestuft worden[275], hatte allerdings keine Billigung bei *Niemöller* gefunden, der – von *Werner* vergeblich um Unterstützung gebeten – es abgelehnt hatte, »den Kampf um die Reinheit von Lehre und Bekenntnis zu einem Angriff auf die moralischen Qualitäten einzelner Gegner entarten zu lassen«[276]. Was *Hitler* zu dieser Denkschrift bemerkte, liest sich bei *Adler*[277] wie folgt:

> »Ich habe eigentlich wichtigeres zu tun, aber ich habe sie gelesen und muß sagen, daß ich nicht weiß, ob abgrundtiefe Bosheit oder bodenlose Dummheit aus ihr spricht. Denn, meine Herren Bischöfe, Sie werfen darin dem Reichsbischof im wesentlichen vor, daß er aus Mitteln der Kirche seine Amtsräume mit Möbeln für 8000 Mark ausgestattet habe! Ich dachte, es ginge in Ihrer Kirche um ernstere Dinge! Was soll ich aber hiermit anfangen? Wissen Sie denn überhaupt nicht, wie katholische Bischöfe leben?!«

Diese Darstellung *Adlers* mag in allzu grellen Farben ausgemalt sein, ist aber im Kern glaubhaft. Auch von *Kinder*[278] wird bezeugt, dass *Hitler* bei seinen Ausführungen zur *Werner*-Denkschrift den darin erhobenen Vorwurf, der Reichsbischof habe aus amtlichen Geldern Möbel für sein Dienstzimmer anschaffen lassen, zur Sprache gebracht und kommen-

273 *Conrad*, S. 64.
274 S. 23 Fn. 79.
275 *Meiser*, Verantwortung, Dokumente 121, 123 und 133, S. 211, 213 f. und 218.
276 *Niemöller*, Rundbrief.
277 *Adler*, Aufzeichnung, S. 207.
278 *Kinder*, Neue Beiträge, S. 46.

tiert hat. Sein Kommentar fiel drastisch aus. Durch »solche Methoden,« so zitiert ihn *Kinder*[279], »die man allgemein als Hintertreppenpolitik bezeichnet, treiben Sie mich geradezu an die Seite des Reichsbischofs«. Ähnlich heißt es im Bericht *Webers*[280] hierzu: »Der Kanzler wandte sich gegen diese Methoden, die nur dazu führen könnten, die Stellung des Reichsbischofs zu festigen.« Das Memorandum der kirchlichen Opposition vom 25. Januar 1934 erwähnte *Hitler* übrigens nicht, obwohl er es kannte[281].

Im gleichen Zuge kam er aber nochmals auf die »letzte Ölung« zurück, die er nach *Niemöllers* Telefonat vom Reichspräsidenten empfangen sollte. Zweifellos zählte er auch diese Wortwahl, mit der er sich in die Rolle eines vom Reichspräsidenten gesteuerten, ihm Gehorsam schuldenden Dieners versetzt sah, zu den Methoden, die er als unerträglich empfand, weil dies seine Autorität als Führer in Frage stellte, was er keinesfalls zulassen konnte. So liest man im Bericht von *Wurm*[282], *Hitler* habe erklärt, »man habe ihm durch diese Interpretation seines Empfangs bei dem Reichspräsidenten« – und damit war erkennbar die beschriebene Deutung gemeint – »die Entschlußfreiheit genommen. Selbst wenn er gewillt gewesen wäre, sich von der Person des jetzigen Reichsbischofs zu trennen, so werde er durch solche Methoden geradezu auf seine Seite getrieben.« Bei *Wurm* folgt diese Erklärung *Hitlers* unmittelbar auf dessen Kontroverse mit *Niemöller* über die Verantwortung der Kirche für das deutsche Volk, dort steht sie aber am falschen Platz, weil sie nach Sinn und Adressat eindeutig Teil der Rede war, mit der sich *Hitler* erst später, nach *Görings* Verlesung belastenden Schriftmaterials, an die Versammlung der Kirchenführer wandte[283]. So berichtet es auch

279 *Kinder*, Fn. 278.

280 *Weber* nach *Hesse* in: *Lekebusch*, S. 366.

281 S. 25.

282 *Wurm*, Aufzeichnung, in: *Kretschmar/Nicolaisen*, Dokument II/34, S. 23f., auch abgedruckt bei *Hermelink*, S. 66f.

283 Der *Verf.* ist sich bewusst, dass es ziemlich kühn ist, den zeitnah erstatteten Bericht eines unmittelbaren Zeugen insoweit korrigieren zu wollen.

Meiser[284]. Danach sagte *Hitler*: »Sie« – und diese Anrede galt ersichtlich den versammelten Kirchenführern – »drängen mich ja an seine (scil. des Reichsbischofs) Seite, wenn ein Empfang bei Hitler (das ist ein Versehen, recte: beim Reichspräsidenten) so ausgelegt wird.«

Die Kirchenführer kommen zu Wort

Nachdem *Hitler* in großer Erregung dem Ansinnen der Entlassung des Reichsbischofs entgegengetreten war, eröffnete er die eigentliche, im Einladungsschreiben so bezeichnete Aussprache über die »Lage der Deutschen Evangelischen Kirche« und ließ dabei die Kirchenführer – wie *Niemöller*[285] mitteilt – »sehr ausgiebig« zu Wort kommen. Laut *Adler*[286] beteiligten sich an der Diskussion »fast alle Vertreter der BK (scil. Bekennenden Kirche), aber nur einzelne DC«, wohingegen von den »übrigen Staatsmännern«, also allen außer *Hitler*, »keiner mehr das Wort« nahm. Das ist glaubhaft, weil es die Bekenntnisfront war, die von *Hitler* eine Änderung der bestehenden Verhältnisse herbeigeführt wissen wollte, während sich die DC als Verteidiger des *Status quo* aufs Abwarten verlegen konnten. Dass, wie *Hitler*[287] Jahre später *Rosenberg* erzählt hat, die Bekenntnistreuen und die DC »sich vor seinen Augen fast wegen der Deputate«, also um die Zuteilung von Redezeit, »geprügelt hätten«, ist mit Sicherheit seine Erfindung, da angesichts der geringen Beteiligung der DC-Gruppe an der Aussprache kaum ein Anlass zum Streit über die Verteilung von Redezeiten be-

284 *Meiser*, Bericht, S. 107. Die Fortsetzung des Zitats lautet: »[Anspielung auf Niemöller]. ›Wenn ich Müller jetzt fallen lasse ...‹.«

285 *Niemöller*, Rundbrief.

286 *Adler*, Aufzeichnung, S. 206.

287 *Hitler* nach *Seraphim*, Das politische Tagebuch, S. 117.

stand. Soweit *Adler*[288] berichtet, dass *Hitler* jeden reden ließ, kann man dem unbedenklich folgen; dass er jedem aber auch »mit einer verblüffenden Sachkenntnis, Einfühlung und Ausführlichkeit« geantwortet habe, muss man als Wertung aus parteilicher Voreingenommenheit betrachten. Durchgreifenden Bedenken begegnet jedenfalls seine Behauptung, die »Frage ›Reichsbischof‹« sei für die »Gesamtverhandlung ohne größere Bedeutung« gewesen – sie war ja der hauptsächliche Anlass für die Anberaumung des Kanzlerempfangs und bildete im ersten Teil dieses Empfangs nahezu ausschließlich den Gegenstand der Besprechung. Übertrieben erscheint darüber hinaus seine Darstellung, es sei bei dem »sehr lebhaften Gespräch« um eine Vielzahl von Themen gegangen, nämlich um »Freiheit des kirchlichen Handelns, kirchliches Eigenleben, Verhältnis von Kirche und Staat, sowie Kirche und Volk, kirchliche Jugendarbeit, Glauben nach evangelischem Verständnis, Evangelium und NS, DC und Partei«. Wie es möglich gewesen sein soll, all diese Themen in der Zeit zu erörtern, die für den verbliebenen Ausspracheteil des Kanzlerempfangs noch verfügbar war, ist rätselhaft. Denn von der Gesamtzeit des Empfangs, die 1¼ Stunden betrug[289], waren bereits beträchtliche Teile verbraucht; sie entfielen auf die Vorstellung und Begrüßung der Teilnehmer, die Bekanntgabe des *Niemöller*-Telefonats, *Hitlers* Reaktion darauf, *Niemöllers* Entgegnung, seinen Zusammenstoß mit *Hitler* wegen der Kompetenz für die Sorge um das deutsche Volk, die Verlesung belastenden Schriftmaterials durch *Göring* und *Hitlers* Ausführungen vor der versammelten Schar der Kirchenführer. Die Besprechung aller aufgeführten Themen wäre im Zeitrahmen des Kanzlerempfangs allenfalls unterzubringen, wenn dieser – wie *Adler*[290] behauptet – 2 Stunden gedauert hätte; doch traf dies eben nicht zu. Im-

288 *Adler*, Aufzeichnung, S. 206.

289 *Meiser*, Bericht, S. 108; *Marahrens*, Rundschreiben vom 10. Februar 1934, abgedruckt bei *Glenthøj*, S. 86 f., Auszug in: *Kretschmar/Nicolaisen*, Dokument II 9/34, S. 26. Der auf 13 Uhr festgesetzte Empfang begann mit Verspätung etwa um 13.15 Uhr und war um 14.30 Uhr beendet, S. 98.

290 *Adler*, Aufzeichnung, S. 204.

merhin scheint es auch Auseinandersetzungen zwischen Vertretern beider Gruppen gegeben zu haben; denn nach der Mitteilung *Wurms*[291] bestritten die Vertreter der DC-Gruppe, »daß sie häretische Auffassungen« verträten, und behaupteten demgegenüber, »daß es in dem ganzen Streit lediglich um die Frage der kirchlichen Ordnung gehe, nicht um Fragen des Bekenntnisses und des Wesens der Kirche«[292].

Die Vertreter der Bekenntnisgruppe sahen sich von Anfang an durch die Aktion *Görings*, insbesondere die Verlesung des kompromittierenden *Niemöller*-Telefonats und die Angriffe *Hitlers* in die Defensive gedrängt. Präses *Koch* beeilte sich zu versichern, dass die Bekenntnisfront mit der Denkschrift des DC-Anhängers *Werner* nichts zu tun habe[293]. Nachdem gegen sie, so *Meiser*[294], »der Verdacht staatsfeindlicher Gesinnung rege geworden« sei, hätten »sich die Ausführungen der meisten Redner … in der Richtung« bewegt, »diesen Verdacht abzuweisen und den Nachweis zu führen, daß er nach jeder Seite hin unbegründet sei«. Infolgedessen, so fährt er fort, sei der »eigentliche Gegenstand des Empfanges, eine freie Aussprache mit dem Führer über die Verhältnisse in der evangelischen Kirche und über unsere Stellung zum Reichsbischof zu pflegen … nur sehr verkürzt zu seinem Recht« gekommen. An anderer Stelle heißt es bei *Meiser* [295]: »Darlegung unserer eigentlichen Gravamina war gar nicht möglich! Wir waren in die Abwehr gedrängt: Vorwurf der Reaktion«. Im selben Sinne berichtet *Wurm*[296], die Kirchenführer der Bekenntnisgruppe hätten »mit Entschiedenheit« geltend gemacht, »daß man einzelne Äußerungen politischer Mißstimmung nicht als Beweis für eine reaktionäre Gesinnung des Pfarrerstandes ansehen dürfe«, der Kampf der Bekenntnistreuen gelte »lediglich der Reinigung der Kirche

291 *Wurm*, Aufzeichnung, in: *Kretschmar/Nicolaisen*, Dokument II 9/34, S. 25.
292 Diese Meinung vertrat auch *Adler*, Aufzeichnung, S. 206.
293 *Adler*, Aufzeichnung, S. 207.
294 *Meiser*, Schreiben an Koch, in: *Kretschmar/Nicolaisen*, Dokument II 9/34, S. 22.
295 *Meiser*, Bericht, S. 108.
296 *Wurm*, Aufzeichnung, in: *Kretschmar/Nicolaisen*, Dokument II 9/34, S. 24.

von falscher Lehre und unfähiger Führung«. Damit war der Übergang von der Defensive zum Angriff markiert: Er habe, so fügt *Wurm* hinzu, sodann erklärt, »der Reichsbischof lasse die notwendigen Führereigenschaften vermissen und habe sich auch in der Geschäftsführung und in öffentlichen Äußerungen Blößen gegeben«. In seiner Autobiographie beklagt *Wurm*[297] später, dass »sich das Thema der ganzen Versammlung« nach dem Zusammenstoß *Niemöllers* mit *Hitler* »verschoben« habe und vom Reichsbischof »kaum noch die Rede« gewesen sei. Nur *Meiser* und er selbst hätten darauf hingewiesen, dass der Reichsbischof »sich unmöglich gemacht und das Vertrauen in den ernsthaften kirchlichen Kreisen verloren habe«; die »übrigen« hätten sich »im Lobpreis des Nationalsozialismus und seiner Führung« ergangen. Das dürfte so stimmen. Denn von den anderen Anhängern der Bekenntnisgruppe kam, nachdem *Niemöller* ausgeschaltet war und *Koch* sich geäußert hatte, sonst niemand mehr für die Einnahme einer klaren, harten und kompromisslosen Haltung in Frage.

Hitler spielt seine Trümpfe aus

Hitler reagierte auf die Beschwerden gegen den Reichsbischof in einer Weise, die seine Fähigkeit, den Gegner an seiner schwächsten Stelle zu treffen, exemplarisch hervorkehrt. *Meiser*[298] schildert den Vorgang wie folgt:

297 *Wurm*, Erinnerungen, S. 94.

298 *Meiser*, Schreiben an Koch, in: *Kretschmar/Nicolaisen*, Dokument II 9/34, S. 22. Verkürzt und etwas verändert nach den Notizen von *Bogner* über *Meisers* Bericht: »Wird Ruhe, wenn Müller geht? Meiser: Das läßt sich nicht ganz sicher voraussagen«, *Meiser*, Bericht, S. 108.

»Im Verlauf der Aussprache richtete der Führer an mich die Frage, ob ich eine Garantie dafür übernehmen könne, daß Friede in der Kirche würde, wenn einer aus unseren Reihen die Führung der DEK übernähme. Ich erwiderte hierauf wahrheitsgetreu, daß, menschlich gesprochen[299], dafür niemand eine Garantie übernehmen könne.«

Diese Darstellung wird wortgleich bestätigt von *Niemöller*[300] und sinngemäß auch von *Müller*[301], der *Meiser* auf die Frage *Hitlers,* ob im Fall der Einsetzung eines anderen Reichsbischofs Friede in der Kirche einkehren würde, erwidern lässt, das »könnte man so nicht beantworten«, aber außerdem noch behauptet, darauf sei ihm die Antwort gegeben worden: »Dann wird das ganze braune Heer aufmarschieren, und dann können Sie erleben, was in Deutschland (zu ergänzen: los) sein wird.« Ob diese Zusatzbehauptung *Müllers* zutrifft, ist zweifelhaft, zu gut entspricht sie seiner Neigung zu kreativem Umgang mit Fakten und zu schlecht verträgt sie sich mit den Berichten anderer Teilnehmer, in denen diese mitteilenswerte Zuspitzung nirgends erwähnt wird. Immerhin macht sie aber das Dilemma deutlich, in das *Meiser* durch *Hitlers* Frage gestürzt worden war: Der Befragte war buchstäblich um eine Antwort verlegen. Hätte er einen Kandidaten des Bekenntnislagers als Nachfolger *Müllers* vorgeschlagen, wäre in der Tat die DC-Fraktion über ihn hergefallen und hätte sich dabei der Unterstützung durch *Hitler* ziemlich sicher sein dürfen. Denn *Hitler* erklärte – wie *Wurm*[302] berichtet – auch selbst, dass, wenn die Führung der Kirche an einen Mann des

299 Gemeint ist: nach menschlichem Ermessen.

300 *Niemöller*, Rundbrief: »... ob er glaube, daß Friede würde, wenn dieser Fall (scil. daß der Reichsbischof ginge) einträte. Darauf hat Landesbischof Meiser geantwortet, daß dafür niemand garantieren könne«.

301 *Müller*, Rede in der Stuttgarter Stadthalle am 1. Oktober 1934, Auszug bei *Kretschmar/Nicolaisen*, Dokument II 9/34, S. 21: »Wenn nun statt dieses Reichsbischofs ein Reichsbischof aus Ihrem Lager an die Spitze käme, glauben Sie, daß dann Frieden wäre in der Kirche?«

302 *Wurm*, Aufzeichnung, in: *Kretschmar/Nicolaisen*, Dokument II 9/34, S. 24 f.

Vertrauens der Bekenntnisgruppe überginge, »erst recht ein heftiger Kampf entbrennen werde« und: »Die Führung der Kirche könne nur ein Mann haben, der das Vertrauen der Bewegung« besitze. »Nur solche Männer« – so zitiert ihn *Marahrens*[303] – könnten »in der Leitung der Kirche stehen, die in innerer Aufgeschlossenheit und Verbundenheit im Aufbruch unseres Volkes leben«. Gleichwohl kann man bezweifeln, ob die kleinmütige Antwort des sonst so versierten Taktikers *Meiser* wirklich die einzig mögliche, also – wie man heute zu sagen pflegt – alternativlos war. Hätte er nicht antworten können, daß – wie vorher mit allen Bekenntnistreuen fest verabredet – *Müller* auf gar keinen Fall noch länger als Reichsbischof anerkannt und geduldet werde, um zumindest für ein Interim einen »Mann der Mitte« als Nachfolger vorzuschlagen?

Nach der Darstellung *Kinders*[304] erwiderte der Reichsbischof auf die gegen ihn vorgetragenen Beschwerden, »daß er nunmehr alles tun wolle, um das Vertrauen der Kirchenführer wieder zu erwerben und zu rechtfertigen; er wolle mit allen im Einvernehmen bleiben und vertrauensvoll zusammenstehen«. *Kinder* selbst will dann als Letzter das Wort erhalten und ausgeführt haben, »daß der Reichsbischof nicht Mitglied bei den DC sei, daß aber die DC zu ihm stünden, weil er der Repräsentant der einheitlichen Reichskirche sei«. Sicherlich hat er sich geäußert, und zwar auch in dem behaupteten Sinne, denn das wurde von ihm, wie er gewusst haben muss, als neuem Reichsleiter der DC erwartet, ein Schweigen hätte ihm seine DC-Gefolgschaft übel genommen. Dass ihm jedoch als Letztem das Wort erteilt worden wäre, kann nicht richtig sein, weil zu diesem Zeitpunkt der Appell *Hitlers* zur Einigung noch ausstand und dieser Appell weitere Äußerungen von Teilnehmern nach sich zog.

303 *Marahrens,* AELK 1934, Sp. 415, 416.
304 *Kinder,* Neue Beiträge, S. 46.

Der erste Trumpf, den *Hitler* nun ausspielte, war eine Drohung. Sie wird von Teilnehmern beider Lager bezeugt, auf der einen Seite von *Adler*, *Kinder*, *Müller* und *Oberheid*[305], auf der anderen von *Meiser*, *Weber*, *Schöffel* und *Wurm*[306]. Nach übereinstimmenden Berichten aus dem Kreis dieser Teilnehmer erklärte *Hitler*, dass, falls der Streit in der evangelischen Kirche fortdauere[307], er seine Hand von ihr zurückziehen[308] und ihre finanzielle Förderung einstellen werde[309]. Als sichere Folge beschrieb er laut *Kinder* den »völligen Zusammenbruch der äußeren Kirche«, von der – so die Darstellung *Oberheids* – »höchstens eine Sekte übrigbleiben« werde, welche »die Reste der evangelischen Kirche nach außen kenntlich mache«. Aber damit nicht genug: Er werde, so wird er von *Müller*[310] zitiert, »nicht als Staatsmann, sondern als Führer

305 *Adler*, Aufzeichnung, S. 208; *Kinder*, Neue Beiträge, S. 46; *Müller*, Rede vor der Versammlung der Kirchenführer am 27. Januar 1934; *Oberheid*, Rede in Elberfeld am 18. März 1934, beide in: *Kretschmar/Nicolaisen*, Dokumente II 9/34, S. 21 und 30.

306 *Meiser*, Bericht, S. 107; *ders.*, Schreiben an Koch, in: *Kretschmar/Nicolaisen*, Dokument II 9/34, S. 22; *Weber* nach *Hesse* in: *Lekebusch*, S. 366; *Schöffel*, Schreiben an Wurm vom 12. Februar 1934, in: *Kretschmar/Nicolaisen*, Dokument II 9/34, S. 25; *Wurm*, Aufzeichnung, in: *Kretschmar/Nicolaisen*, Dokument II 9/34, S. 24.

307 Der Bedingungsfall wird unterschiedlich formuliert: »Wenn der Streit in der evangelischen Kirche so weitergeht« (*Adler, Kinder, Oberheid*); Falls man sich nicht »zu einer Einheit zusammenfinden« werde (*Müller*); »Wenn der Streit kein Ende nähme« (*Meiser*); »Käme es« nicht zu einer »Bereinigung« (*Weber*); Wenn die Kirche, »nicht imstande sei, die Stunde auszunutzen« (*Wurm*).

308 Hier variieren die Formulierungen nur minimal: »kann es eines Tages passieren, daß sich der Staat von der Kirche ganz zurückzieht« (*Kinder, Oberheid*); »daß sich sonst der Staat von der Kirche zurückziehen ... werde« (*Müller*); »dann müsse eben der Staat seine Hände von der Kirche zurückziehen« (*Meiser*); »so müsse der Staat sich ganz von der evangelischen Kirche zurückziehen« (*Weber*); dass er, *Hitler*, »sich von der Kirche zurückziehe« (*Wurm*).

309 Nur in Nuancen unterschiedlich formuliert: »was dann aber auch den Fortfall jeder staatlichen Förderung wie auch der Staatszuschüsse zur Folge habe« (*Kinder*, fast wortgleich *Oberheid*); »sie nicht mehr finanziell unterstützen werde« (*Müller*); »daß auch die Regalien gesperrt werden« (*Meiser*); so müsse der Staat der Kirche »alle Gelder sperren« (*Weber*); so ziehe er, *Hitler*, seine Hand zurück, »auch in finanzieller Hinsicht« (*Wurm*).

310 Ähnlich: »Er müsse sich dann an die Spitze des Volkes stellen, nicht als Kanzler, sondern als Führer, und das Volk einigen« (*Meiser.*); »Wenn er als Führer dann nur ein

unter das Volk gehen, um die innere Einheit dann selbst herzustellen«. Am ausführlichsten beschrieben ist *Hitlers* Drohung in dem zitierten Schreiben *Schöffels an* Wurm, mit dem er ihn dringend bat, in seinen Bericht folgende Äußerungen *Hitlers* aufzunehmen:

> »Er werde, wenn die Kirche in dieser Haltung verharre, nicht davor zurückschrecken, als Kanzler zu handeln; das bedeute, daß er sich von der Kirche zurückziehe, aber auch, daß er ihr die finanziellen Zuschüsse sperre, wie er das auch Rom habe wissen lassen, für den Fall, daß Art. 31 des Konkordats nicht genau eingehalten werde; wir sollten aber nicht glauben, daß damit seine Möglichkeiten einzugreifen erschöpft seien; er habe noch andere Möglichkeiten und werde sich nicht scheuen, sie anzuwenden; er werde als Führer vor das Volk treten, er wisse, wem das Volk dann folge. Wir würden nur die erste Station sehen, er sehe die letzte und habe sich stets gewöhnt, die letzte zu sehen. Prophetisch sagte er uns, daß dann der Vorhang falle.«

Ob und gegebenenfalls wie *Wurm* dieses Schreiben beantwortet hat, ist nicht zu ermitteln. Wohl aber steht fest, dass er der Bitte um Einfügung dieser Sätze, auf die *Schöffel* »entschiedenes Gewicht« legte, nicht entsprochen hat. Über den Grund dafür lässt sich nur spekulieren. Jedenfalls kann der Grund nicht gewesen sein, dass er etwa die Richtigkeit der Zitate bezweifelt hätte. Denn für solche Zweifel blieb kein Raum. Die Dringlichkeit, mit der *Schöffel* die Erweiterung des Berichts um die zitierten Sätze verlangt hatte, spricht allzu deutlich dafür, dass er die Äußerungen *Hitlers* so wie beschrieben gehört hatte und sich daher auch sicher war, dass *Wurm* sie ebenso gehört haben müsse und erinnern könne. Das reicht aus, um die von ihm wörtlich zitierten Äußerungen *Hitlers* für bewiesen zu halten. Klar ist damit jedoch auch,

Wort sage, so werde damit das Gehör, das die evangelische Kirche beim Volk habe, weithin verstopft« (*Weber*).

worauf *Hitlers* Drohung letztlich hinauslief[311]: auf nichts Geringeres als den Untergang der Kirche, *finis ecclesiae*[312].

Selbstverständlich mussten die Vertreter des Bekenntnislagers darauf reagieren, und sie taten es auch. Nach dem Bericht von *Weber*[313] antworteten *Meiser* und *Marahrens*. Was sie in dieser Phase des Empfangs sagten, ist nicht überliefert; derselben Quelle zufolge schien namentlich »das Wort des letzteren … auf den Führer tiefen Eindruck zu machen«, ohne dass der Grund dafür mitgeteilt würde. *Hitler* sprach dann, seinem notorischen Hang zum Monologisieren nachgebend, »noch des längeren über die Lage der evangelischen Kirche«[314] und machte weitere Ausführungen, die nicht mehr inhaltlich zu rekonstruieren sind, aber größtenteils Wiederholungen gewesen sein dürften[315].

Zum Schluss spielte *Hitler* seinen zweiten Trumpf aus. Statt wie erwartet eine Entscheidung zu treffen, richtete er an die versammelten Kirchenführer den dringenden Appell, es um der Lage des deutschen Volkes willen noch einmal mit dem Reichsbischof *Müller* zu versuchen und sich in Frieden und Eintracht mit ihm zu verständigen. So berichtet es *Meiser* in seinem Schreiben an Koch[316] und teilt an anderer

311 Im Bericht *Meisers* findet sich zur Ankündigung *Hitlers*, gegebenenfalls selbst als Führer das Volk zu einigen, die Bemerkung »Soll das heißen: 3. Konfession?« Die Frage verlangt eine verneinende Antwort; nichts lag dem Nihilisten *Hitler* ferner als die Begründung einer weiteren Glaubensrichtung.

312 *Adler* bringt das auf den Punkt, indem er *Hitler* in recht grober und platter Vereinfachung die Äußerung unterstellt: »Vertragt Euch in der Kirche, dann habt Ihr jede Unterstützung von mir! Geht der Streit weiter, dann ist es vonseiten Staat und Partei für die Deutsche Evangelische Kirche aus!«

313 *Weber* nach *Hesse* in: *Lekebusch*, S. 366.

314 *Kinder*, Neue Beiträge, S. 46: »Es war kein Zweifel, daß alle Anwesenden geradezu verblüfft waren, daß Hitler, ein Katholik, so gut orientiert über die Belange der evangelischen Kirche sprechen konnte …« Laut *Weber* nach *Hesse* in: *Lekebusch*, S. 366, »zeigte der Kanzler ein merkwürdig gutes Verständnis für die evangelische Kirche, von der er zum Schluss sagte, daß er ihr viel näher stände als der katholischen«.

315 Der Tenor der Ausführungen *Hitlers* ergibt sich aus der zusammenfassenden Darstellung von *Marahrens*, AELKZ 1934, Sp. 415, 416, der freilich nicht deutlich macht, in welchen Phasen des Empfangs die einzelnen Äußerungen jeweils gefallen sind.

316 *Meiser*, Schreiben an Koch, in: *Kretschmar/Nicolaisen*, Dokument II 9/34, S. 22.

Stelle[317] des Weiteren mit, *Hitler* habe die Kirchenführer gebeten, die Schwierigkeiten, die er habe, nicht (noch) zu vermehren. *Wurm*[318] lässt *Hitler* zudem benennen, was mit der geforderten Verständigung erreicht werden sollte: »dem Kampf, der um der politischen Lage willen nicht länger ertragen werden könne, ein Ende zu machen«. In nahezu wörtlicher Übereinstimmung berichten *Marahrens, Meiser* und *Wurm, Hitler* habe die Versammelten aufgefordert, sich »christlich-brüderlich« mit dem Reichsbischof zusammenzusetzen und zu verständigen[319]. Er hielt also den Kirchenführern seine eigene schwierige Lage vor Augen, ermahnte sie zur Wahrnehmung ihrer ›vaterländischen Verantwortung‹ und rief ihnen – sie gleichsam am eigenen Portepee fassend – die Bindung an die Gebote christlichen Verhaltens in Erinnerung. Dieser Appell, der sie vor dem Hintergrund einer geschickt arrangierten, furchterregenden Drohkulisse gleich dreifach in die Pflicht nahm, verfehlte nicht seine Wirkung. Auch die Vertreter der Bekenntnisgruppe erklärten sich – mit Ausnahme *Niemöllers,* der sich nicht mehr äußerte[320] – daraufhin bereit, einen neuen Versuch zur Einigung mit dem Reichsbischof zu machen[321]. Dieser

317 *Meiser*, Bericht, S. 106.

318 *Wurm*, Aufzeichnung, in: *Kretschmar/Nicolaisen*, Dokument II 9/34, S. 24, 25.

319 *Marahrens*, AELKZ 1934, Sp. 415, 416: »So gipfelten seine Worte in der Empfehlung und Bitte, sich brüderlich und christlich zu einigen«; *Meiser*, Bericht, S. 106: »Dringender Appell, wir sollten uns christlich und brüderlich vertragen«; *Wurm*, Aufzeichnung, in: *Kretschmar/Nicolaisen*, Dokument II 9/34, S. 25: »Der Reichskanzler schloß mit der dringenden Aufforderung, sich christlichbrüderlich mit dem Reichsbischof zusammenzusetzen«; *ders.*, Schreiben an Hammerschmidt und Erinnerungen, S. 94, wo die dringende Aufforderung allerdings – wie bei *Marahrens* – zur bloßen Bitte heruntergestuft ist.

320 *Kinder*, Neue Beiträge, S. 46f. Zu ergänzen ist: zum Appell *Hitlers*. Das steht nicht in Widerspruch dazu, dass *Niemöller* bei der Verabschiedung, also nach der Besprechung im großen Kreis, *Hitler* noch einmal persönlich ansprach (dazu sogleich). *Wurm*, Erinnerungen, S. 94 erweckt allerdings – wohl ungewollt – durch eine unglückliche Formulierung den irreführenden Eindruck, als sei *Niemöller* auch beim Handschlag mit *Hitler* nicht mehr zu Wort gekommen.

321 *Niemöller,* Rundbrief: Das Gespräch habe »nicht mit einer Aufforderung an die Kirchenführer, sich zu unterwerfen«, geendet, »sondern mit der Aufforderung, einen Weg der Einigung zu finden«. Unzutreffend ist daher die Behauptung von *Oberheid*

kündigte an, dass er die Kirchenführer »zu einer gemeinsamen Beratung betreff (!) Bildung eines neuen Geistlichen Ministeriums einladen« werde[322], und die Audienz ging in »ernster Feierlichkeit« zu Ende[323].

Hitler gibt auch Niemöller zum Abschied die Hand

Hitler verabschiedete alle Teilnehmer mit Handschlag, auch *Niemöller*. Das wäre als selbstverständliche Geste gesellschaftlich-konventionellen Umgangs nicht weiter erwähnenswert, gäbe es nicht Besonderheiten dieser Szene, die besonderes Interesse verdienen.

Niemöller hat sie mehrfach geschildert, schriftlich zuerst in einem Rundbrief an die »lieben Brüder« vom 16. Februar 1934[324]. Dort heißt es:

> »Es ist weder wahr, daß ich die Hand des Führers krampfhaft festgehalten noch daß mir der Führer seine Hand mit Gewalt entzogen hätte, wie behauptet worden ist. Es ist ebenso wenig wahr, daß mir der Führer seine Hand mit betonter Freundlichkeit hingestreckt hätte; er hat mir die Hand gegeben, wie eben ein deutscher Mann seine Hand gibt. Und es ist völlig überflüssig, daraus etwas Besonderes lesen zu wollen.«

in: *Kretschmar/Nicolaisen*, Dokument II 9/34, S. 30, der Führer habe die Bischöfe gemahnt, »sich geschlossen hinter den Reichsbischof zu stellen, den sie selbst gewählt hätten«. *Kinder*, Neue Beiträge, S. 46 f., schreibt, die Vertreter der Opposition hätten erklärt, dass sie nun von Neuem versuchen wollten, mit »ihrem Reichsbischof *zusammenzuwirken*« (kursiv gesetzt vom Verf.). Auch das ist nicht korrekt. Verständigung über künftiges Handeln ist nicht schon Zusammenwirken bei diesem Handeln.

322 *Wurm*, Aufzeichnung, in: *Kretschmar/Nicolaisen*, Dokument II 9/34, S. 25.

323 *Weber* nach *Hesse* in: *Lekebusch*, S. 366.

324 *Niemöller*, Rundbrief.

Das klingt, insbesondere im letzten, fast zurechtweisenden Satz, etwas gereizt. Tatsächlich hatte *Niemöller*, wie *Wurm*[325] glaubhaft bezeugt, die Hand des Führers lange festgehalten, und *Niemöller* hat später selbst angegeben, dass *Hitler* seine Hand »ziemlich abrupt« wegzog und aus der seinen »riß«[326].

Auch dieses Detail wäre jedoch belanglos, wenn dem nicht eine Erklärung *Niemöllers* vorausgegangen wäre. Diese Erklärung beschreibt er in seinem Rundbrief wie folgt:

> »Bei der Verabschiedung habe ich, wie bekannt, noch einmal einige Worte gesagt, als der Führer mir die Hand gab. Ich habe es getan, um noch einmal zum Ausdruck zu bringen, daß wir auch an unserem Teil die Sorge für das Dritte Reich mittrügen und daß es uns bei dem kirchlichen Kampf um die Reinheit der Lehre und des Bekenntnisses ginge. Darauf entgegnete der Kanzler ohne jede Schärfe: ›Das sagen die anderen auch!‹«

Nach Kriegsende beantwortete *Niemöller* eine Anfrage seines Bruders Wilhelm, der ihn um Auskünfte zum Kirchenkampf gebeten hatte, mit einem Brief vom 28. Juni 1946[327]; darin zitierte er seine Äußerung gegenüber *Hitler* mit folgenden Worten:

> »Ich sagte ihm am Schluss wörtlich: Sie haben gesagt: Die Sorge für das deutsche Volk überlassen Sie mir. Dazu muss ich erklären, dass weder Sie noch

325 *Wurm*, Brief an Hammerschmidt: »Als der Führer zum Schluß ..., kam er auch zu Niemöller und gab ihm die Hand, die dieser lange festhielt, gleichsam als wollte er betonen, daß ihm viel daran liege, daß das Band nicht zerrissen werde«; *ders.*, Erinnerungen, S. 94.

326 *Niemöller*, Interviews mit Günter Gaus und Dietmar Schmidt, S. 57.

327 *Niemöller*, Brief an Wilhelm Niemöller vom 28. Juni 1946, ZA EKHN Best. 62 Akz. Nr. 671; ähnlich im Gaus-Interview: »Die Verantwortung fürs deutsche Volk, die können wir nicht weggenommen bekommen, die hat Gott uns auferlegt, und kein anderer als Gott kann die von uns wegnehmen, auch Sie nicht«, und im Schmidt-Interview, S. 57: »Die Verantwortung für unser Volk hat jemand anderes auf unser Gewissen gelegt, und die können wir nicht verweigern.«

sonst eine Macht in der Welt in der Lage sind, uns als Christen und Kirche die uns von Gott auferlegte Verantwortung für unser Volk abzunehmen.«

Dass *Niemöller* sich bei der Verabschiedung gegenüber *Hitler* noch einmal geäußert hat, kann als bewiesen gelten. Allerdings gibt es von den Teilnehmern des Empfangs, soweit ersichtlich, nirgends eine belegbare Äußerung, die dies bestätigt. Auch *Wurm*, der beim Handschlag mit *Hitler* neben ihm stand, hat von einer solchen Äußerung nichts berichtet, was freilich nicht heißen muss, dass sie nicht gefallen ist. *Niemöller* bleibt zwar hierbei sein einziger Zeuge. Doch hat seinerzeit auch anscheinend niemand seiner Behauptung, er habe beim Handschlag mit *Hitler* »noch einmal einige Worte gesagt«, widersprochen, und er hätte es wohl auch kaum gewagt, dies als Tatsache hinzustellen, geschweige denn als »bekannt« vorauszusetzen, wenn es anders gewesen wäre und er mit Gegendarstellungen aus dem Teilnehmerkreis hätte rechnen müssen. Aufschlussreich ist aber vor allem, dass er – wie *Wurm* es bezeugt und er es später auch selbst geschildert hat – die Hand *Hitlers* länger festhielt als zur Verabschiedung nötig. Dies liefert einen deutlichen Hinweis darauf, dass er *Hitler* noch etwas zu sagen *hatte*, bevor dieser zum nächsten Teilnehmer weitergegangen und außer Hörweite geraten sein würde; es liegt mehr als nahe, dass er das, was er sagen *wollte*, dann auch gesagt *hat*.

Was den Inhalt seiner Worte angeht, so ist plausibel, dass sich *Niemöller* auf die Mitverantwortung der Kirche für das deutsche Volk berief, gehörte es doch zum Grundbestand seiner Überzeugungen, dass die Kirche Verantwortung für das Schicksal des eigenen Volkes trage. Nicht ganz leicht zu entscheiden ist jedoch, ob er – wie er behauptet hat – *Hitler* auch vorhielt, weder er noch sonst eine Macht in der Welt sei in der Lage, der Kirche die von Gott auferlegte Verantwortung für das deutsche Volk abzunehmen. Es fällt auf, dass diese Version des Vorhalts in seinem Rundbrief an die »lieben Brüder« noch nicht auftaucht, sondern erst gut 12 Jahre später im Brief an seinen Bruder Wilhelm.

Dort wiederum fehlt die im Rundbrief erwähnte Erklärung, es gehe bei dem Kampf um die Reinheit der Lehre und des Bekenntnisses, ebenso auch die Bemerkung, die *Hitler* daraufhin gemacht haben soll. In der inhaltlichen Aussage widersprechen sich die beiden Versionen aber nicht, sondern können zusammen, sich gegenseitig ergänzend, nebeneinander bestehen. Die vergleichsweise nüchterne, unpathetische und »mildere« Version im Rundbrief, nach der er nur betont haben will, dass die Kirche die Sorge für das Dritte Reich mittrage, lässt sich im Übrigen zwanglos damit erklären, dass *Niemöller* die Gegner in Staat und Partei, die von der »mitlesenden« Gestapo sicherlich ins Bild gesetzt werden würden, nicht durch Mitteilung des tatsächlich offensiven, die Autorität *Hitlers* in Frage stellenden Vorhalts provozieren wollte und diesem Bestreben das Informationsinteresse der Brüder hier unterordnete: Er konnte ihnen später ja noch auf Anfrage mündlich genauer berichten. Vielleicht hat die schmerzliche Einsicht, dass insoweit Vorsicht geboten war, auch beigetragen zu jener Gereiztheit, mit der er dann den Handschlag beschrieb und dessen Bedeutung herunterzuspielen versuchte. Das sind natürlich nur spekulative Erwägungen, die über Vermutungen nicht hinausführen. Die Behauptung, er habe erklärt, dass nur Gott und niemand sonst, nicht einmal *Hitler,* der Kirche die Verantwortung für das deutsche Volk abnehmen könne, wird aber letztlich entscheidend dadurch gestützt, dass *Niemöller* sie nicht nur 1946 im Brief an seinen Bruder, der daran kirchenhistorisches Interesse bekundet hatte, aufgestellt, sondern auch in seinen Interviews mit Günter Gaus 1963 und Dietmar Schmidt 1983 im Kern gleichbleibend, mit nur marginalen Abweichungen in der Formulierung, wiederholt und aufrechterhalten hat. Dass sich in seinem Gedächtnis das, was er mit seinem Vorhalt ausgedrückt wissen *wollte*, über das, was er tatsächlich gesagt *hat*, geschoben und dann als fehlerhaftes Erinnerungsprodukt festgesetzt haben könnte, ist zwar – wie jede abstrakt-theoretische Möglichkeit – denkbar; konkrete Anhaltspunkte dafür gibt es jedoch nicht. *Niemöllers* Darstellung mit der pathetischen Wortwahl, die ihm, wenn es um Wesentliches ging, keineswegs fremd war, ist nach alledem glaubhaft; demnach steht fest, dass er *Hitler* bei der Verabschiedung mit der behaupteten Äußerung entgegengetreten ist.

Der Kanzlerempfang fand um 14.30 Uhr seinen Abschluss[328]; da er gegen 13.15 Uhr begonnen hatte[329], betrug seine Gesamtdauer etwa 1¼ Stunden[330].

Die Tage danach – der Weg ins Desaster

Mit dem Ausgang des Kanzlerempfangs war die kirchliche Opposition der Bekenntnistreuen auf den *Status quo ante* zurückgeworfen. Sie hatte keines ihrer Ziele erreicht. Im Grunde stand sie sogar schlechter da als zuvor, da sie sich nun – bei *Hitler* im Wort – in irgendeiner Weise mit dem Reichsbischof verständigen musste, was sie schon wiederholt vergeblich versucht und schließlich, als ihr Bemühen keinerlei Aussicht auf Einigung mehr versprach, aufgegeben hatte. Aus heutiger Sicht ist kaum mehr zu verstehen, wieso sich die Kirchenführer

328 *Weber* nach *Hesse* in: *Lekebusch*, S. 365.

329 S. 46.

330 *Marahrens*, Rundschreiben vom 10. Februar 1934 in: *Kretschmar/Nicolaisen*, Dokument II 9/34, S. 26; *Meiser*, Bericht, S. 108; unrichtig *Adler*, Aufzeichnung, S. 207, der sich an eine »zweistündige Besprechung« zu erinnern glaubt und damit ein Beispiel für die Unzuverlässigkeit retrospektiver Zeitwahrnehmung und für das Zeitparadox liefert, wonach ereignisreiche Phasen nachträglich länger eingeschätzt werden, als sie tatsächlich sind. Einen neuerlichen Beleg für dieses Paradox bietet, freilich in anderer Dimension, die Äußerung des Seglers Boris Herrmann, der nach seiner Rückkehr von der Vendée Globe gesagt hat, es komme ihm vor, als wäre er zwei Jahre und nicht drei Monate unterwegs gewesen, so viel habe sich ereignet, zitiert nach SZ-Magazin vom 24. September 2021, S. 14, 16.

des Bekenntnislagers – mit Ausnahme *Niemöllers* – auf den neuerlichen Versuch einer Verständigung mit dem Reichsbischof einließen, obwohl sich doch die Faktoren, die einer solchen Einigung bislang im Wege standen, in keiner Weise verändert hatten. Als Erklärung bleibt nur die Wirkung, die *Hitler* – kraft seiner Autorität als »nationaler Erlöser« und aufgrund seines unbestreitbaren Talents für rhetorische Überrumpelungen – mit dem Appell zur Einigung ausübte und sie jede nüchterne und rationale Einschätzung der Lage vergessen oder zumindest hintanstellen ließ.

Zunächst wandte sich ihr Unmut gegen *Niemöller,* den die meisten Kirchenführer – offen oder insgeheim – für das bereits gefühlte Scheitern des Kanzlerempfangs verantwortlich machten. Als er am Abend desselben Tages, offenbar zur Lagebesprechung mit anderen Vertretern der Bekenntnisgruppe, im Hospiz St. Michael eintraf, müssen die Anwesenden ihm bereits ihr Befremden zum Ausdruck gebracht haben; denn er vermerkt in seinem Amtskalender[331] »Konsternation I. Klasse«. Für den folgenden Tag findet sich dort bei einem Vermerk über die nachmittägliche Sitzung der Kirchenführer der Eintrag »Ziemlicher Krach mit Schöffel«, was darauf schließen lässt, dass dieser ihm erhebliche Vorwürfe wegen seines Verhaltens gemacht hat. Und schließlich trägt *Niemöller* für denselben Tag noch ein: »Anruf von Meiser: ich soll Vorsitz im Notbund niederlegen.« Nach eigenem Bekunden und Empfinden war er nach der ihm angelasteten Störung des Kanzlerempfangs ein »Ausgestoßener im Kreis der Kirchenführer«[332]. Noch lange danach verübelte man ihm sein Auftreten vor und bei der Audienz. So konnte es sich *Wurm* in seiner Autobiographie 1952 nicht versagen, im selben Atemzug ihn und seine Mitstreiter nachträglich zu tadeln, indem er mitteilte, er habe es seinerzeit für »unfair« gehalten, »daß die Freunde Niemöllers mit keinem Wort die Unvorsichtigkeit, die er sich hatte zuschulden kommen

331 ZA EKHN Best. 62 Akz. 6096, zugleich für die beiden folgenden Zitate.
332 *Niemöller,* Interview mit Günter Gaus.

lassen und die das ganze Debakel herbeigeführt hatte, in der Öffentlichkeit rügten«[333].

Niemöller ließ sich aber trotz seiner Isolierung nicht allzu rasch in seiner Zuversicht beirren[334]. Zwar wirkte er bei der häuslichen Mahlzeit am selben Tag auf seinen 8 Jahre alten Sohn *Jan* »sehr gedrückt«[335]. Aber als er wenig später einer Schar von Notbundpfarrern im Dahlemer Gemeindehaus den Verlauf des Kanzlerempfangs schilderte, versuchte er darzutun, dass der Ausgang des Streits noch unentschieden sei; wie bei der Seeschlacht am Skagerrak, bei der sich die Gegner nach beiderseitigen Verlusten getrennt hätten, hänge das Urteil der Geschichte und meist auch der Erfolg selbst davon ab, welcher von beiden Gegnern »zuerst und am lautesten ›Sieg‹ zu rufen die Kraft finde«[336]. Auch im Rundschreiben vom 26. Januar an die Brüder des Notbunds[337] verbreitete er er noch verhaltenen Optimismus und meinte, über die Auswirkungen der Besprechung könne »Näheres nicht gesagt werden, solange die schwebenden Verhandlungen nicht abgeschlossen« seien. Doch sein Optimismus beruhte auf einer groben Fehleinschätzung der Lage. Schon am selben Tag schuf der Reichsbischof unter Mithilfe von *Oberheid* Fakten. Auf seine Anordnung wurde *Niemöller* noch am 26. oder 27. Januar beurlaubt[338],

333 *Wurm*, Erinnerungen, S. 95. Abgesehen davon, dass der Schuldvorwurf gegen *Niemöller* haltlos war (S. 65 ff.), mag man sich daran erinnern, dass es selbst im Fußball, der doch wohl mehr Härte erlaubt als die Austragung eines Meinungsstreits unter Kirchenvertretern, als unsportlich gilt, für einen Spieler der gegnerischen Mannschaft wegen eines Fouls die Gelbe Karte zu fordern.

334 Ab hier übernimmt der *Verf.* – weitgehend ohne gesonderte Kennzeichnung – die Ausführungen von *Scholder*, Bd. 2, S. 62 ff.

335 *Jan Niemöller* im Interview am 12. Dezember 1991, Dokumentation von Studientag und Festakt zum 100. Geburtstag von Martin Niemöller, S. 103, 109.

336 So der Bericht von *Scharf* in: Bekennende Kirche, S. 136, 138. Dies Treffen hat wahrscheinlich nicht, wie *Scholder,* Bd. 2, S. 62 behauptet, schon am Nachmittag des 25. Januar stattgefunden; es ist jedenfalls nicht für diesen Tag in *Niemöllers* Amtskalender vermerkt.

337 Rundschreiben Nr. 8 vom 26. Januar 1934, *Hermle/Thierfelder* (Hg.), Herausgefordert, Dokument 84, S. 179; *W. Niemöller*, Texte, S. 47 f.; *ders.*, Der Pfarrernotbund, S. 190 f.

338 Junge Kirche 1934, 155 f.; *Gauger*, S. 137 r. Sp.

um dann mit Bescheid vom 10. Februar in den Ruhestand versetzt zu werden[339]. Auch erließ der Reichsbischof am 26. Januar eine Verordnung[340], die ihm als preußischem Landesbischof die alleinige Macht über die Kirche der APU verschaffte und als Grundlage späterer Anordnungen diente, die es für zulässig erklärten, Pfarrer ohne Anfechtungsmöglichkeit zu versetzen, zu beurlauben oder in den einstweiligen Ruhestand zu schicken[341].

Vor diesem Hintergrund verwundert es nicht, dass für die anstehenden Verhandlungen mit dem Reichsbischof keiner seiner erklärten Opponenten in Frage kam. Der Reichsbischof wünschte sich *Schöffel* als Verhandlungspartner, der *Marahrens* sowie den pfälzischen Kirchenpräsidenten *Keßler* hinzuzog[342]. Nachdem diese, vom Bekenntnislager autorisierte Dreier-Delegation am Abend des 26. Januar mit dem Reichsbischof und *Oberheid* verhandelt hatte, fand am 27. Januar in den Räumen des Evangelischen Oberkirchenrats der APU eine Sitzung aller Kirchenführer unter Einschluss des Reichsbischofs statt. Dieser hielt zunächst eine längere Rede[343]. Anschließend kam es zu einer mehrstündigen, zeitweise dramatischen, turbulenten und nervenaufreibenden Auseinandersetzung, die von Drohungen gegen das Bekenntnislager überschattet war[344]. Am Ende verlas *Oberheid* eine vorbereitete Erklärung, über die

339 Mitteilung des Berliner Bischofs Karow vom 19. Februar 1934, ELAB 14/6367, Faksimile in: *Arno Helwig* (Hg.), »... an dem Geschehen in der Welt mitverantwortlich«, S. 61; *Gauger*, S. 137 r. Sp.; dort auch *Niemöllers* Gegenvorstellung vom 1. März und die Mitteilung, dass die Gemeindevertretung es am 24. März ablehnte, ihm »die Kirche zu sperren«, S. 139 r. Sp. *Niemöller* ging vor Gericht und gewann den Prozess – seine Pensionierung wurde für rechtsunwirksam erklärt, *Scholder*, Bd. 2, S. 68 f.

340 Anhang VI., Verordnung zur Sicherung einheitlicher Führung der Evangelischen Kirche der altpreußischen Union vom 26. Januar 1934 (GBl.DEK 1934, 3), Junge Kirche 1934, 160 f.; auch sie war nach dem Rechtsgutachten des Reichsgerichtsrats *Wilhelm Flor* verfassungswidrig, Junge Kirche 1934, 150 ff.; dazu *Scholder*, Bd. 2, S. 71.

341 *Gauger*, S. 140 r. Sp.

342 *Schöffel*, AELK 1934, Sp. 469, 470 f.

343 Wortlaut bei *Meiser*, Dokument 143, S. 240 ff.; *W. Niemöller*, Hitler, S. 54 ff.

344 *Meiser*, Bericht, S. 109; *Conrad*, S. 67; *Scholder*, Bd. 2, S. 63.

abgestimmt werden sollte. Als sich nicht gleich jemand zu Wort meldete, hieß es: »Es erfolgt kein Widerspruch, also ist sie angenommen.«[345] Unterschrieben wurde sie nicht[346], aber gleichwohl sofort an die Presse weitergegeben; sie lautet wie folgt[347]:

> »Unter dem Eindruck der großen Stunde, in der die Kirchenführer der Deutschen Evangelischen Kirche mit dem Herrn Reichskanzler versammelt waren, bekräftigen sie einmütig ihre unbedingte Treue zum Dritten Reich und seinem Führer. Sie verurteilen aufs schärfste alle Machenschaften der Kritik an Staat, Volk und Bewegung, die geeignet sind, das Dritte Reich zu gefährden, insbesondere verurteilen sie es, wenn die ausländische Presse dazu benutzt wird, die Auseinandersetzung in der Kirche fälschlich als Kampf gegen den Staat darzustellen.
>
> Die versammelten Kirchenführer stellen sich geschlossen hinter den Reichsbischof und sind gewillt, seine Maßnahmen und Verordnungen in dem von ihm gewünschten Sinne durchzuführen, die kirchenpolitische Opposition gegen sie zu verhindern und mit allen ihnen verfassungsgemäß zustehenden Mitteln die Autorität des Reichsbischofs zu festigen.«

Diese Erklärung, auch »Ergebenheitskundgebung« oder »Unterwerfungserklärung« genannt, war eine bedingungslose Kapitulation. Sie bedeutete, dass bei Fortbestand der bisherigen Maßnahmen und Verordnungen, also einschließlich des »Maulkorberlasses« und des »Arierparagraphen«, der Reichsbischof nicht nur im Amt blieb, sondern auch unbegrenzte

345 Die Schlußfolgerung (»also«) traf nicht zu. Der Grundsatz *Qui tacet consentire videtur* galt damals so wenig wie heute: Wer nicht ausdrücklich zugestimmt hatte, war daher auch nicht an die Erklärung gebunden; aber keiner der späteren »Dissenter« hat sich darauf berufen.

346 Das Gegenteil behauptet beiläufig, aber zu Unrecht *W. Niemöller*, Hitler, S. 59, 62.

347 BArch, R 43-II/161, fol. 332; Frühausgabe der Nachrichten des Deutschen Nachrichtenbüros Nr. 196 vom 28. Januar 1934, BArch, R 601/713, fol. 171; *Hermle/Thierfelder* (Hg.), Herausgefordert, Dokument 86, S. 181; Junge Kirche 1934, 154; *Gauger*, S. 138; *Meiser*, Verantwortung, Dokument 143, S. 248 Anm. 20, und *W. Niemöller*, Hitler, S. 59.

Vollmachten und Befugnisse, namentlich zur Niederschlagung der kirchenpolitischen Opposition, erhielt. Später versuchten *Marahrens* und *Schöffel*, die alles entscheidende Wendung »in dem von ihm gewünschten Sinne« entgegen dem eindeutigen und unmissverständlichen Wortlaut dahin zu »interpretieren«, dass sie bedeute »im Sinn der von ihm abgegebenen Erklärungen« (so *Marahrens*), oder, aufgrund einer ihnen auf Nachfrage bestätigten »authentischen Interpretation«, so zu verstehen, »daß Kanzel und Gottesdienst von Kirchenpolitik und insbesondere von Angriffen auf Kirchenführer freigehalten werden müssen« (so *Schöffel*)[348]. Diese Versuche waren ebenso kläglich wie untauglich. Ließe man solche Befrachtungen des Wortlauts mit verschwiegener Bedeutungslast zu, dann brauchte man keine geschriebenen Texte – sie wären funktionslos. Auch »authentische Interpretation« hilft da nicht weiter, sie ist nun einmal kein Zauberstab zur Veränderung oder gar Umkehrung einer eindeutig gegenteiligen Aussage.

Folgen und Folgerungen

Mit der Kapitulationserklärung, die unwidersprochen an die Presse gegeben worden und damit in die Öffentlichkeit gelangt war, standen die Sieger und Verlierer des Streits fest.

Sieger war neben den DC, die den Ausgang des Streits bejubelten und mit hämischen Ausfällen gegen die Verlierer begleiteten[349], in erster Linie der Reichsbischof[350], der in der Folge zusammen mit seinen Beratern *Jäger*

348 *Marahrens*, AELK 1934, Sp. 415, 418 und *Schöffel*, AELK 1934, Sp. 469, 471.

349 *Gauger*, S. 139 l. Sp.; *W. Niemöller*, Hitler, S. 60 f.

350 Nun stand auch der Amtseinführung des Reichsbischofs nichts mehr im Wege; die am 23. September 1934 im Berliner Dom stattfand, BArch, Bild Nr. 102–16219/Aktuelle Bilder-Centrale, Georg Pahl.

und *Oberheid* eine rigorose Politik der Eingliederung aller evangelischen Landeskirchen in die Reichskirche verfolgte und weitgehend durchsetzte[351]. Dass er sich dabei als Reichsbischof, der zugleich preußischer Landesbischof war, umfassende Weisungs- und Disziplinarbefugnisse verschaffte oder anmaßte, wurde bereits erwähnt. Die Verfolgung bekenntnistreuer Superintendenten und Pfarrer des Notbunds durch disziplinarische Maßnahmen, aber auch durch polizeiliche Verhaftungen, Verhöre, Durchsuchungen und Beschlagnahmeanordnungen nahm überall zu.

Was *Hitler* angeht, so konnte er mit dem Ergebnis des Kanzlerempfangs nur bedingt zufrieden sein. Zwar war es ihm gelungen, den Pfarrernotbund zu isolieren, doch sollte er in seiner Hoffnung, den verbleibenden Teil der evangelischen Kirche zu einer einzigen Reichskirche zusammenfügen zu können, letztlich enttäuscht werden[352]. Es liegt eine gewisse Ironie darin, dass ausgerechnet er, der stets die »Zerrissenheit« der evangelischen Kirche beklagt hatte, dazu beitrug, diese noch weiter zu spalten.

Verlierer war die bekenntnistreue kirchliche Opposition. Sie konnte nicht nochmals auf eine Unterstützung durch den Reichspräsidenten hoffen. Sie hatte auch – anders als vor dem Kanzlerempfang – keinen Rückhalt mehr im Reichsinnenministerium. *Frick* war durch das abgehörte *Niemöller*-Telefonat kompromittiert, ebenso waren es *Buttmann* und *Conrad*, der am 2. Februar auf seinem Schreibtisch die Nachricht vorfand, dass ihm, ersichtlich auf Betreiben des Reichsbischofs, das Referat für die evangelische Kirche entzogen worden sei[353].

Vor allem aber taten sich nun innerhalb der Opposition selbst tiefe Gräben auf. Am sichtbarsten wurde dies zuerst im Verhältnis zwischen den nicht-deutschchristlichen Kirchenführern und dem Pfarrernotbund. Die ehemals Verbündeten, die noch bei der Vorbereitung auf den Kanzlerempfang gemeinsame Sache gemacht hatten, trennten sich nun, die

351 Eine Übersicht über den Rechtsstatus der einzelnen Landeskirchen nach Erlass der sie betreffenden Eingliederungsgesetze gibt *Conrad,* Anhang 3, S. 144 ff.

352 Ausführlich dazu *Scholder,* Bd. 2, S. 72 f.

353 *Conrad,* S. 67; auch *Scholder,* Bd. 2, S. 61 f.

Bekenntnisfront, die sie miteinander gebildet hatten, löste sich auf und war auf einmal Geschichte. Zwar gab es Versuche, das alte Bündnis auf sicherer Bekenntnisgrundlage wiederzubeleben[354], aber sie führten nicht weit. Vor allem die nicht-deutschchristlichen Bischöfe der lutherischen Landeskirchen Bayerns, Württembergs und Hannovers, also *Meiser, Wurm* und *Marahrens*, zogen sich mehr und mehr darauf zurück, die eigenen Landeskirchen gegen den Herrschaftsanspruch des Reichsbischofs und seiner Berater abzuschirmen, was ihnen auch im Ergebnis gelang. Das Verhältnis zum Notbund trübte sich ein. Sachliche, strategische und taktische Differenzen traten zutage; aber auch der Ton im Umgang miteinander wurde, bedingt durch gegenseitige Schuldzuweisungen und Verbitterung, zusehends rauer.

Am 30. Januar veröffentlichte der Notbund unter der Überschrift »Die Lage der Kirche und unsere Aufgabe« einen Bericht der jüngsten Vorgänge, erhob schwere Vorwürfe gegen die Kirchenführer, die versagt hätten, und bekräftigte den eigenen Standpunkt[355]. Am 31. Januar richtete er, unterzeichnet von *Niemöller* im Auftrag des Bruderrats, dem die Führung des Notbunds oblag, ein Protestschreiben an den Reichsbischof[356] und beharrte darin auf dem Verdikt der Bekenntniswidrigkeit seiner Gesetzgebung und des »darauf gegründeten Gewalthandelns«. Ebenfalls unter dem 31. Januar sandte *Niemöller* namens des Bruderrats ein Schreiben an die Kirchenführer »z. H. von Herrn Landesbischof Schöffel«[357], das mit den Worten begann:

354 Aufruf der »Bekenntnisgemeinschaft der Deutschen Evangelischen Kirche« vom 7. Mai, AELK 1934, Sp. 472 f., unterzeichnet nicht nur von *Niemöller* und seinen Mitstreitern, sondern auch von *Wurm* und *Meiser*, nicht aber von weiteren lutherischen Bischöfen, auch nicht von *Marahrens* oder *Schöffel*.

355 Teilweise abgedruckt bei *W. Niemöller*, Hitler, S. 66.

356 Junge Kirche 1934, 158; *W. Niemöller*, Hitler, S. 66 f.

357 *Hermle/Thierfelder* (Hg.), Herausgefordert, Dokument 87, S. 181 f.; Junge Kirche 1934, 155; *Gauger*, S. 141 r. Sp.; *W. Niemöller*, Hitler, S. 67. *Niemöller* hielt *Schöffel* offenbar deshalb für den richtigen Adressaten, weil dieser am 27. Januar »Chefunterhändler« bei den Verhandlungen mit dem Reichsbischof gewesen war.

»Wir sind durch die Kapitulation vom 27. Januar 1934 aufs tiefste betroffen und erschüttert; denn wir können darin nur eine glatte Preisgabe des Evangeliums und damit auch der Kirche sehen.«

Schöffel antwortete darauf am 8. Februar mit einem feindseligen und an Schärfe nicht zu überbietenden Schreiben[358], in dem er *Niemöller* vorwarf, die Kirche »an den Rand des Verderbens gebracht« zu haben und die »Schuld«, die auf ihm »und der ganzen Führung des Notbunds« liege, auf andere abzuwälzen. *Meiser* und *Wurm*, die sogleich erkannt hatten, überrumpelt worden zu sein, und sich noch Ende Januar vorsichtig von Teilen der Kapitulationserklärung distanzierten, von der sie dann im März gänzlich abrücken sollten[359], konnten nicht verhindern, dass ihr Verhalten wie auch das der anderen nicht-deutschchristlichen Kirchenführer weithin, besonders von Pfarrern des Notbunds, als Verrat betrachtet, bezeichnet und abgelehnt wurde[360].

Aber auch innerhalb des Pfarrernotbunds stiftete die Kapitulationserklärung Verwirrung und löste Entwicklungen aus, die zu seiner nachhaltigen Schwächung führten oder doch beitrugen. Ursache dafür war keineswegs nur die Flut disziplinarischer Maßregelungen, die der Reichsbischof im Verein mit seinen willigen Helfern in Kirche und Staat nun über zahlreiche Notbundpfarrer hereinstürzen ließ[361]. »In allen Landeskirchen, wo Bischöfe und Pfarrer bisher gemeinsam Widerstand gegen den Reichsbischof geleistet hatten«, so schreibt *Scholder*[362], »also

358 Wortlaut bei *W. Niemöller*, Hitler, S. 67 f.; im selben Sinn auch *Schöffel*, AELK 1934, Sp. 469 ff.

359 *Scholder*, Bd. 2, S. 65. Ausführlich *W. Niemöller*, Hitler, S. 62 ff.

360 Siehe das Schreiben *Meisers* an den Reichsbischof vom 28. Januar, Junge Kirche 1934, S. 256: »Ein Vorbehalt«; auch *Meiser*, Verantwortung, Dokument 143, S. 249 Anm. 23.

361 Siehe dazu die erste Liste der gemaßregelten Notbundpfarrer bei *W. Niemöller*, Texte, S. 88 ff., die bereits 476 Namen, davon viele von solchen Pfarrern aufführt, die schon in den ersten Monaten nach der Kapitulationserklärung gemaßregelt wurden. Beispiele für Maßregelungen und Schutzhaft gegen sächsische Pfarrer bei *W. Niemöller*, Hitler, S. 71.

362 *Scholder*, Bd. 2, S. 65, der S. 66 behauptet, dass der württembergische Pfarrernotbund aufgrund des am 31. Januar zwischen Staat, Partei, DC und Landesbischof *Wurm* ver-

vor allem in Bayern, Württemberg und Hannover, fühlten sich auch die Pfarrer an die Unterwerfungserklärung vom 27. Januar weitgehend gebunden. So schieden in den kommenden Wochen etwa 1500 Pfarrer[363] dieser Landeskirchen aus dem Notbund aus.« Allerdings rückten die Bekenntnistreuen nun noch enger zusammen: Am 20. Februar beantragte der Pfarrernotbund seine Aufnahme in die Freie evangelische Synode im Rheinland[364], und natürlich war er dort auch willkommen. Doch insgesamt summierten sich die Folgen der Kapitulationserklärung für die bekenntnistreue Opposition zum Desaster.

Welche Folgerungen daraus zu ziehen sind, bleibt dem Leser der hiermit vorgelegten, primär faktenbasierten und -orientierten Studie überlassen. Das gilt auch für die Frage, wie man die Verantwortlichkeit für die zum Desaster führenden Handlungen und Unterlassungen der beiden Seiten des Kirchenkampfs und ihrer Protagonisten verteilt. Klar ist jedenfalls, dass dabei dem Kanzlerempfang und seinem Verlauf eine zentrale Bedeutung zukommt. Bei einer »Zwei-Seiten-Betrachtung« bietet sich – zusammengefasst – folgendes Bild:

- Einerseits gelang es dem *Hitler/Göring*-Gespann, durch Präsentation des verfälschten *Niemöller*-Telefonats die Bekenntnisfront zu spalten und *Niemöller* mitsamt dem Pfarrernotbund zu isolieren.
- Andererseits wäre das womöglich nicht so leicht gelungen, wenn *Niemöller* die Verfälschung erkannt und seine Äußerung richtiggestellt hätte und wenn die anderen Vertreter des Bekenntnislagers sich

einbarten »Dorotheenpaktes« am 2. Februar seine Selbstauflösung beschlossen habe, was aber nicht ganz korrekt ist: aufgelöst hatte sich nur der Bruderrat, also sein Leitungsorgan, Junge Kirche 1934, 163.

363 *W. Niemöller*, Die Evangelische Kirche, S. 112, verzeichnet im Zusammenhang mit der Kapitulationserklärung allein für Bayern, Württemberg und Hannover sogar den Austritt von (rund) 1800 Pfarrern; der Mitgliederbestand sank danach von 7036 (Stand 15. Januar) auf 5256 (nach dem 27. Januar), also um rund ¼, und verminderte sich in der Folge noch weiter.

364 *W. Niemöller*, Texte, S. 50 f.

nicht sogleich peinlich berührt, betreten oder erschrocken von ihm und dem Notbund abgewandt hätten, anstatt – wenigstens durch Kundgabe von Befremden über die Abhöraktion – in brüderlicher Solidarität zu ihm zu stehen.

- Einerseits düpierte *Hitler* die kirchliche Opposition mit der Frage, ob denn ein anderer Reichsbischof den Frieden in der Kirche garantieren könne.
- Andererseits war *Meiser*, unbestritten der strategische Kopf der nichtdeutschchristlichen Landeskirchen, offenbar auf diese erwartbare Frage nicht vorbereitet und gab durch seine verneinende, ehrliche, aber timide Antwort unnötigerweise eine wichtige Position preis, statt seinerseits eine andere Person – womöglich auch nur übergangsweise bis zur nächsten Tagung der Nationalsynode – in Vorschlag zu bringen.
- Einerseits brachte *Hitler* durch seinen Aufruf, es noch einmal »christlich-brüderlich« mit dem Reichsbischof zu versuchen, das Bekenntnislager in eine schwierige Lage; denn dieser Aufruf besaß, weil er vor dem Hintergrund massiver Drohungen mit rhetorischem Pathos an das christliche Gewissen der Versammelten, also an deren eigenen Wertekodex appellierte, eine gewaltige Stoßkraft und Wucht.
- Andererseits ließen sich fast alle Kirchenführer des Bekenntnislagers darauf ein, anstatt *Hitler* in konsequenter Fortführung des verabredeten Handlungskonzepts unmissverständlich klarzumachen, dass eine Zusammenarbeit mit *Ludwig Müller* als Reichsbischof unter keinen denkbaren Umständen mehr in Betracht komme. Dem vordergründigen Argument »Sie haben ihn doch selber gewählt« wäre belegbar mit dem Hinweis darauf zu begegnen gewesen, dass *Müller* das ursprünglich in ihn gesetzte Vertrauen in zahlreichen Fällen enttäuscht und damit *in summa* unwiederbringlich verspielt habe.
- Einerseits verstand es der Reichsbischof, mit Unterstützung von *Jäger* und *Oberheid* die von ihm selbst diktierte Verhandlungsdelegation des Bekenntnislagers unter erheblichen Druck zu setzen und zur bedingungslosen Kapitulation zu nötigen.

- Andererseits ließen sich die Mitglieder der Delegation in kaum mehr nachvollziehbarer Weise überrumpeln, indem sie die von *Oberheid* vorbereitete Erklärung unwidersprochen ließen, sich nicht gegen deren sofortige Veröffentlichung wehrten und sie auch nicht in unmittelbarem Anschluss dementierten, obgleich sie in der Lage gewesen wären, geltend zu machen, dass sie ihr ja nicht zugestimmt hatten[365].

So zieht sich ein roter Faden von *Hitlers* Frage an *Meiser* über seinen Appell an das christliche Gewissen der Kirchenführer bis hin zu deren bedingungsloser Kapitulation. Auf Seiten *Hitlers*, des Reichsbischofs und der DC markiert er eine Geschichte von Lüge, List und Gewalt, auf Seiten der kirchlichen Opposition eine Geschichte von Schwäche, Zaghaftigkeit und Versagen. Beide Geschichten passen zusammen, greifen ineinander und vereinigen sich im Ergebnis: dem Desaster. Dass sich der Widerstand der Bekenntnistreuen im Kirchenkampf[366] davon noch einmal erholen, als *Bekennende Kirche* neu formieren und frische Kraft schöpfen konnte, ist je nach säkularer oder religiöser Perspektive ein Glücksfall oder ein Wunder. Beschreiben lässt sich zwar, wie es dazu kam: Die Entwicklung führte, ausgehend von der Freien Reformierten Synode in Barmen (3./4. Januar)[367], über die Synoden der rheinischen Kirche in Barmen (18./19. Februar) und der westfälischen Kirche in Dortmund

365 Einige Kirchenführer versuchten nachträglich den Eindruck zu erwecken, *Niemöller* habe durch sein Telefonat den Kanzlerempfang »verdorben« und trage daher Mitschuld am Scheitern des Projekts der Absetzung des Reichsbischofs, so *Schöffel* nach *Lekebusch*, S. 112 f., und *Wurm*, Erinnerungen, S. 95; es scheint fast, als hätten sie *ihre* Kapitulation *Niemöller* nicht verziehen.

366 Der *Verf.* gebraucht die Begriffe »Widerstand« und »Kirchenkampf« mit Bedacht. Der zuweilen unternommene Versuch, sie aus dem kirchengeschichtlichen Sprachgebrauch zu tilgen, hat weder Berechtigung noch Chancen, ist er doch nur Ausdruck einer modischen *cancel culture*, die dem Verdacht ausgesetzt ist, dass es ihren Vertretern weniger um eine angemessene Darstellung ihres Gegenstands als um die Erringung von Diskursmacht und Deutungshoheit zu tun ist.

367 Hierzu in aller Kürze: *W. Niemöller*, Hitler, S. 77.

(16. März) zum Ulmer Bekenntnistag (22. April) und mündete in die berühmte Barmer Bekenntnissynode (29.-31. Mai 1934)[368]. Aber das ist schon wieder eine andere Geschichte; *Scholder* hat ihre Erzählung unter eine Überschrift gestellt, wie sie nicht treffender hätte gewählt werden können: »Gleichschaltung von oben – Erneuerung von unten«[369].

368 *Scholder*, Bd. 2, S. 80 ff., 114 ff. und 183 ff. Zu den Bekenntnissynoden: *W. Niemöller*, Arbeiten zur Geschichte des Kirchenkampfes, Bd. 3 (Dahlem), 7 (Bad Oeynhausen), 20 (Augsburg) sowie *G. Niemöller*, Bd. 5 und 6 (Barmen), Göttingen 1958–1975.

369 *Scholder*, Bd. 2, S. 75.

Anhänge

I. Verfassung der Deutschen Evangelischen Kirche
vom 11. Juli 1933 (GBl.DEK 1933, 2 = RGBl. I S. 472).

II. Verpflichtungserklärung des Pfarrernotbunds
(September/Oktober 1933).

III. Verordnung betr. die Wiederherstellung geordneter Zustände in der Deutschen Evangelischen Kirche (sog. »Maulkorberlass«)
vom 4. Januar 1934 (GBl.DEK 1934, 1).

IV. Kanzelabkündigung des Pfarrernotbunds
vom 7. und 14. Januar 1934 (Junge Kirche 1934, 71).

V. Memorandum nicht-deutschchristlicher Kirchenführer
vom 25. Januar 1934 und und 7-Punkte-Papier
(BArch R 601/713 fol. 165, 167).

VI. Verordnung zur Sicherung einheitlicher Führung der evangelischen Kirche der altpreußischen Union
vom 26. Januar 1934 (GBl.DEK 1934, 3).

Anhang I

Die Verfassung der Deutschen Evangelischen Kirche vom 11. Juli 1933

In der Stunde, da Gott unser deutsches Volk eine große geschichtliche Wende erleben lässt, verbinden sich die deutschen evangelischen Kirchen in Fortführung und Vollendung der durch den Deutschen Evangelischen Kirchenbund eingeleiteten Einigung zu einer einigen

Deutschen Evangelischen Kirche.

Sie vereinigt die aus der Reformation erwachsenen gleichberechtigt nebeneinanderstehenden Bekenntnisse in einem feierlichen Bunde und bezeugt dadurch: „Ein Leib und ein Geist, ein Herr, ein Glaube, eine Taufe, ein Gott und Vater unser aller, der da ist über allen und durch alle und in allen."
Die Deutsche Evangelische Kirche gibt sich nachstehende Verfassung:

Abschnitt I
Artikel 1

Die unantastbare Grundlage der Deutschen Evangelischen Kirche ist das Evangelium von Jesus Christus, wie es uns in der Heiligen Schrift bezeugt und in den Bekenntnissen der Reformation neu ans Licht getreten ist. Hierdurch werden die Vollmachten, deren die Kirche für ihre Sendung bedarf, bestimmt und begrenzt.

Abschnitt II

Artikel 2

1. Die Deutsche Evangelische Kirche gliedert sich in Kirchen (Landeskirchen).
2. Bekenntnisverwandte Kirchengemeinschaften können angeschlossen werden. Die Art des Anschlusses wird durch Gesetz bestimmt.
3. Die Landeskirchen bleiben in Bekenntnis und Kultus selbständig.
4. Die Deutsche Evangelische Kirche kann den Landeskirchen für ihre Verfassung, soweit diese nicht bekenntnismäßig gebunden ist, durch Gesetz einheitliche Richtlinien geben. Sie hat die Rechtseinheit unter den Landeskirchen auf dem Gebiet der Verwaltung und Rechtspflege zu fördern und zu gewährleisten.
5. Eine Berufung führender Amtsträger der Landeskirchen erfolgt nach Fühlungnahme mit der Deutschen Evangelischen Kirche.
6. Alle kirchlichen Amtsträger sind beim Amtsantritt auf die Verfassung der Deutschen Evangelischen Kirche zu verpflichten.

Abschnitt III

Artikel 3

1. Die Deutsche Evangelische Kirche regelt das deutsche gesamtkirchliche Rechtsleben.
2. Sie ordnet ihr Verhältnis zum Staat.
3. Sie bestimmt ihre Stellung zu fremden Religionsgesellschaften.

Artikel 4

1. Die Deutsche Evangelische Kirche will die in ihr geeinte deutsche evangelische Christenheit für die Erfüllung des göttlichen Auftrages der Kirche rüsten und einsetzen. Sie hat deshalb von der Heiligen Schrift und den reformatorischen Bekenntnissen her sich um eine einheitliche Hal-

tung in der Kirche zu bemühen und der kirchlichen Arbeit Ziel und Richtung zu weisen.
2. Ihre besondere Fürsorge widmet sie dem deutschen Volkstum, vornehmlich der Jugend.
3. Die freie kirchliche Arbeit von gesamtkirchlicher Bedeutung, insbesondere auf dem Gebiet der inneren und äußeren Mission, nimmt sie unter ihre fördernde Obhut.
4. Die Verbundenheit mit den evangelischen Deutschen im Ausland hat sie zu wahren und zu festigen.
5. Sie pflegt die Beziehungen zu den befreundeten Kirchen des Auslandes.

Abschnitt IV
Artikel 5

1. An der Spitze der Kirche steht der lutherische Reichsbischof.
2. Dem Reichsbischof tritt ein Geistliches Ministerium zur Seite.
3. Eine Deutsche Evangelische Nationalsynode wirkt bei der Bestellung der Kirchenleitung und bei der Gesetzgebung mit.
4. Beratende Kammern verbürgen den im deutschen evangelischen Volkstum lebendigen Kräften die freie schöpferische Mitarbeit im Dienst der Kirche.

Artikel 6

1. Der Reichsbischof vertritt die Deutsche Evangelische Kirche.
Er ist berufen, die Gemeinsamkeit des kirchlichen Lebens in den Landeskirchen sichtbar zum Ausdruck zu bringen und für die Arbeit der Deutschen Evangelischen Kirche eine einheitliche Führung zu gewährleisten. Er trifft die zur Sicherung der Verfassung erforderlichen Maßnahmen.
2. Der Reichsbischof weist die Mitglieder des Geistlichen Ministeriums in ihr Amt ein. Mit den führenden Amtsträgern der Landeskirchen tritt er zu regelmäßigen Aussprachen und Beratungen zusammen. Er vollzieht

die Ernennung und Entlassung der Beamten der Deutschen Evangelischen Kirche.
3. Der Reichsbischof hat das Recht, jede geistliche Amtshandlung vorzunehmen, insonderheit zu predigen, Kundgebungen im Namen der Deutschen Evangelischen Kirche zu erlassen und außerordentliche Buß- und Festgottesdienste anzuordnen.
Soweit es sich hierbei um die Wahrung und Pflege eines anderen als seines Bekenntnisses handelt, werden seine Befugnisse durch das hierfür berufene Mitglied des Geistlichen Ministeriums wahrgenommen.
4. Der Reichsbischof erhält einen kirchlichen Sprengel.
Für die Erledigung der kirchlichen Verwaltungsgeschäfte hat der Reichsbischof seinen Amtssitz in Berlin.
5. Der Reichsbischof wird der Nationalsynode von den im leitenden Amt stehenden Führern der Landeskirchen in Gemeinschaft mit dem Geistlichen Ministerium vorgeschlagen und von der Nationalsynode in das Bischofsamt berufen.
6. Das Nähere bestimmt ein Gesetz.

Artikel 7

1. Das Geistliche Ministerium ist berufen, unter Führung des Reichsbischofs die Deutsche Evangelische Kirche zu leiten und Gesetze zu erlassen.
2. Es besteht aus drei Theologen und einem rechtskundigen Mitglied. Bei der Berufung der Theologen ist das in der Deutschen Evangelischen Kirche lebendige Bekenntnisgepräge zu berücksichtigen. Die Zahl der Mitglieder kann im Bedarfsfall erhöht werden. Die Mitglieder verwalten ihr Amt selbständig. Sie tragen dem Reichsbischof gegenüber die Verantwortung für die Einheit der Kirche.
3. Die besondere Aufgabe der theologischen Mitglieder ist es, das geistliche Band der Landeskirchen zur Deutschen Evangelischen Kirche, die Gemeinschaft unter den Angehörigen gleichen Bekenntnisses und deren

Vertrauensverhältnis zu den übrigen Gliedern der Deutschen Evangelischen Kirche zu festigen.
4. Die Mitglieder des Geistlichen Ministeriums werden vom Reichsbischof ernannt. Die theologischen Mitglieder werden durch die im leitenden Amt stehenden Führer der Landeskirchen dem Reichsbischof vorgeschlagen. Das Amt des rechtskundigen Mitgliedes ist mit der Stelle des leitenden rechtskundigen Mitgliedes in der Verwaltung der Evangelischen Kirche der altpreußischen Union verbunden. Die Stelle wird nach Verständigung mit dem Reichsbischof besetzt. Der Inhaber der Stelle muß die Befähigung zum Richteramt oder zum höheren Verwaltungsdienst besitzen.
5. Das rechtskundige Mitglied ist der Stellvertreter des Reichsbischofs in Rechtsangelegenheiten; es leitet die Deutsche Evangelische Kirchenkanzlei als oberste kirchliche Verwaltungsbehörde.
6. Das Nähere bestimmt ein Gesetz.

Artikel 8

1. Die Deutsche Evangelische Nationalsynode besteht aus sechzig Mitgliedern. Zwei Drittel werden von den deutschen evangelischen Landeskirchen aus den Synoden und Kirchenleitungen entsandt. Ein Drittel beruft die Deutsche Evangelische Kirche aus Persönlichkeiten, die sich im kirchlichen Dienst hervorragend bewährt haben.
2. Die Bestellung der Mitglieder der Nationalsynode wird durch Gesetz geregelt. Das Amt der Mitglieder dauert sechs Jahre.
Auf die Eingliederung neuer Kräfte ist bei jeder Umbildung der Nationalsynode besonders Bedacht zu nehmen.
3. Die Nationalsynode wird durch den Reichsbischof mindestens einmal im Jahre berufen. Der Reichsbischof soll im übrigen dem Verlangen der Nationalsynode nach einer Berufung Rechnung tragen. Ort und Zeit der Tagung bestimmt der Reichsbischof. Er eröffnet die Synode durch einen Gottesdienst und führt bei der ersten Tagung die Geschäfte bis zur Regelung des Vorsitzes. Die Synode gibt sich eine Geschäftsordnung.

Artikel 9

1. Die beratenden Kammern werden vom Geistlichen Ministerium zu fortlaufender verantwortlicher Arbeit herangezogen und haben das Recht des ratsamen Gutachtens.
2. Die Mitglieder werden durch den Reichsbischof im Einvernehmen mit dem Geistlichen Ministerium ernannt.

Abschnitt V
Artikel 10

Die deutschen evangelischen Kirchengesetze werden von der Nationalsynode im Zusammenwirken mit dem Geistlichen Ministerium oder von diesem allein beschlossen, durch den Reichsbischof ausgefertigt und im Gesetzblatt der Deutschen Evangelischen Kirche verkündet. Sie treten am vierzehnten Tage nach der Ausgabe des Gesetzblattes in Kraft, soweit nicht ein anderes bestimmt ist.

Abschnitt VI
Artikel 11

1. Alle Einnahmen und Ausgaben werden jährlich auf einen Haushaltsplan gebracht. Er wird vor Beginn des Rechnungsjahres durch Gesetz festgestellt.
2. Der Gesetzesform bedarf ferner ein Beschluß über die Aufnahme von Anleihen oder die Übernahme von Sicherheitsleistungen zu Lasten der Deutschen Evangelischen Kirche.
3. Über die Haushaltsführung ist jährlich einem von der Nationalsynode zu bestimmenden Haushaltausschuß Rechnung zu legen.
Er erteilt die Entlastung.
4. Die Deutsche Evangelische Kirche bringt ihren Finanzbedarf durch Umlagen der Landeskirchen auf.

Abschnitt VII

Artikel 12

1. Die Verfassung kann durch Gesetz geändert werden, soweit es sich nicht um Bestimmungen über das Bekenntnis und den Kultus handelt. Das Gesetz bedarf der Zustimmung von zwei Dritteln der anwesenden Mitglieder der Nationalsynode oder der Einstimmigkeit im Geistlichen Ministerium.
2. Zu einer Verfassungsänderung, welche die Gliederung oder die Organe der Deutschen Evangelischen Kirche betrifft, bedarf das Gesetz der Mitwirkung der Nationalsynode.

Anhang II

Verpflichtungserklärung des Pfarrernotbunds September / Oktober 1933

1. Ich verpflichte mich, mein Amt als Diener des Wortes auszurichten allein in der Bindung an die Heilige Schrift und an die Bekenntnisse der Reformation als die rechte Auslegung der Heiligen Schrift.

2. Ich verpflichte mich, gegen alle Verletzung solchen Bekenntnisstandes mit rückhaltlosem Einsatz zu protestieren.

3. Ich weiß mich nach bestem Vermögen mit verantwortlich für die, die um solchen Bekenntnisstandes willen verfolgt werden.

4. In solcher Verpflichtung bezeuge ich, daß eine Verletzung des Bekenntnisstandes mit der Anwendung des Arier-Paragraphen im Raum der Kirche Christi geschaffen ist.

Anhang III

Verordnung betr. die Wiederherstellung geordneter Zustände in der Deutschen Evangelischen Kirche (sog. „Maulkorberlass") vom 4. Januar 1934

Die kirchenpolitischen Kämpfe zerstören Frieden und Ordnung in der Kirche; sie zerrütten die notwendige Verbundenheit der Evangelischen Kirche mit dem nationalsozialistischen Staat und gefährden sowohl die Verkündigung des Evangeliums als auch die neu errungene Volkseinheit. Zur Sicherung der Verfassung der Deutschen Evangelischen Kirche und zur Herstellung geordneter Zustände verordne ich daher unter Vorbehalt weiterer Maßnahmen in verantwortlicher Ausübung des mir verfassungsmäßig zustehenden Führeramtes auf Grund des Artikels 6 Abs. 1 der Verfassung der Deutschen Evangelischen Kirche:

§ 1 Der Gottesdienst dient ausschließlich der Verkündigung des lauteren Evangeliums. Der Mißbrauch des Gottesdienstes zum Zwecke kirchenpolitischer Auseinandersetzungen, gleichviel in welcher Form, hat zu unterbleiben. Freigabe sowie Benutzung der Gotteshäuser und sonstigen kirchlichen Räume zu kirchenpolitischen Kundgebungen jeder Art wird untersagt.

§ 2 Kirchliche Amtsträger, die das Kirchenregiment oder dessen Maßnahmen öffentlich oder durch Verbreitung von Schriften, insbesondere durch Flugblätter oder Rundschreiben, angreifen, machen sich der Verletzung der ihnen obliegenden Amtspflicht schuldig. Die Eingabe von Vorstellungen auf dem hierzu vorgeschriebenen Wege bleibt unberührt.

§ 3 Gegen kirchliche Amtsträger, die den Vorschriften der §§ 1 und 2 zuwiderhandeln, ist unter vorläufiger Enthebung vom Amte unverzüglich das förmliche Disziplinarverfahren mit dem Ziele der Entfernung aus dem Amte einzuleiten. Für die Dauer der vorläufigen Amtsenthebung ist vorbehaltlich weitergehender Bestimmungen der Disziplinargesetze das Einkommen um mindestens ein Drittel zu kürzen.

§ 4 Das Gesetz betreffend die Rechtsverhältnisse der Geistlichen und Beamten der Landeskirchen vom 16. November 1933 (Ges. Blatt der Deutschen Evang. Kirche 1933, Nr. 5, Seite 33) und das vorläufige Kirchengesetz betreffend die Rechtsverhältnisse der Geistlichen und Beamten der Landeskirchen vom 8. Dezember 1933 (Gesetzblatt der Deutschen Evang. Kirche 1933, Nr. 6, Seite 35 ff.) und das Kirchengesetz betreffend Beilegung kirchenpolitischer Streitfälle vom 8. Dezember 1933 (Gesetzblatt der Deutschen Evang. Kirche 1933, Nr. 6, Seite 38) werden außer Kraft gesetzt.

§ 5 Diese Verordnung tritt mit dem Tage der Verkündung in Kraft.

Anhang IV

Kanzelabkündigung des Pfarrernotbunds vom 7. und 14. Januar 1934

Eine Verordnung von weittragenden Folgen, die soeben der Reichsbischof erlassen hat, nötigt uns im Blick auf die Wahrhaftigkeit und den echten Frieden in unserer Kirche zu einer Erklärung vor Gott und dieser christlichen Gemeinde.

Seitdem die Kirchenwahlen im Sommer des vergangenen Jahres eine neue kirchliche Führung gebracht haben, herrscht in unserer Kirche Unfriede und eine immer größere Zerspaltung und Zerrissenheit. Selbst treue Glieder der Kirche fühlen sich heimatlos in ihr und gehen mit dem Gedanken um, unserer Kirche den Rücken zu kehren.

Zur Zeit gibt es in der Deutschen Evangelischen Kirche kein geordnetes Geistliches Ministerium. Ein großer Teil der Führer der Deutschen Landeskirchen hat erklärt, daß auch die gegenwärtige Nationalsynode das Vertrauen des Kirchenvolkes nicht besitzt. So ist nur noch der Reichsbischof verfassungsmäßig zur Führung der Deutschen evangelischen Kirche imstande. Innerhalb der Kirche hat eine große Bewegung öffentlich Daseinsrecht gefordert, die unevangelische, ja heidnische Glaubensmeinungen zur Grundlage der Kirche machen will. Die biblische Grundlage und die Bekenntnisse unserer Väter, obwohl immer wieder in Worten anerkannt, drohen unter dieser inneren und äußeren Verwirrung unserer Kirche verloren zu gehen. Ein großer Teil der Führer der außerpreußischen Kirchen, ein sehr großer Teil der evangelischen Pfarrerschaft Deutschlands, eine ungezählte Menge gläubiger und treuer Kirchenglieder fordern mit wachsendem Ernst und Nachdruck dazu auf,

Lehre, Leben und Führung der Kirche wieder den Bekenntnissen gemäß zu gestalten. An durchgreifenden Taten und Maßnahmen zur Erfüllung dieser Forderungen hat es der Reichsbischof fehlen lassen. Die Vorschläge der Landeskirchenführer, an die er für die Berufung des Geistl. Ministeriums durch die Kirchenverfassung gebunden ist, hat er übergangen.

In den letzten Tagen hat er zwar, wie seit Wochen, erneut die Zusage gegeben, die Ernennungen zum Geistlichen Ministerium vorzunehmen. Es schien, daß eine Lösung dieser Frage nahe bevorstünde. Die Reichskirchenregierung hat am 22. Dezember geschrieben, daß eine Aussprache mit führenden Männern der Kirche stattgefunden hat, in welcher Einmütigkeit darüber herrschte, daß „möglichst bald ein vollzähliges und schlagkräftiges Geistliches Ministerium hergestellt werden würde, mit dem Ziel einer wirklichen Überwindung der gegenwärtigen Nöte in unserer Kirche“ und daß mit den von den Landeskirchenführern vorgeschlagenen Männern über ihren Eintritt in das Geistliche Ministerium verhandelt werden würde. Trotz dieser Mitteilungen wurde ein weiteres Bemühen des Reichsbischofs und die Befriedung der Kirche nicht erkennbar. Daher traten am 4. Januar dieses Jahres die nicht-deutschchristlichen Führer der Landeskirchen in Halle zusammen, um zu beraten, was zu tun sei. Der Reichsbischof ließ ihnen durch seine Berater kundgeben, daß er zwar schwer krank, aber bereit sei, in Kürze entscheidende Beschlüsse zu treffen. Dadurch verzögerte er die Entscheidung der Landeskirchenführer, bis er ihnen gegen 11 Uhr abends ein Telegramm übersandte, in welchem er sie zum Abwarten seiner weiteren Maßnahmen veranlassen wollte, und ihnen und ihren Freunden gegenüber seine innere Glaubensverbundenheit betonte. Das alles aber hat ihn nicht gehindert, am gleichen Tage folgende Verordnung zu erlassen:

(hier folgt der Text des Anhangs III)

Mit dieser Verordnung nimmt das gegenwärtige Kirchenregiment vom Amts wegen den Kampf gegen alle diejenigen auf, die eine Befriedung der Kirche nur in der Rückkehr zur biblischen Grundlage erblicken und in schwerer Sorge waren um Bestand und Einheit der Kirche.

Wir stellen fest: Schrift und Bekenntnis der Kirche sind nach wie vor aufs Ernsteste bedroht. Bischöfe und Träger hoher Ämter in unserer Kirche, die beim Widerstand gegen das in die Kirche eindringende Heidentum offenkundig versagt haben, Bischöfe, die von ihren Pfarrern und Kirchengliedern öffentlich der Irrlehre angeklagt worden sind, sind unverändert in ihrem Amt. Bedrohung und Bedrückung derer, die eine Befriedung der Kirche auf der Grundlage des Bekenntnisses fordern, schreiten fort und nehmen in der verlesenenen Verordnung schärfste Formen an.

Wir erheben vor Gott und dieser christlichen Gemeinde Klage und Anklage dahin, daß der Reichsbischof mit seiner Verordnung ernstlich denen Gewalt androht, die um ihres Gewissens und ihrer Gemeinde willen zu der gegenwärtigen Not der Kirche nicht schweigen können, und zum andern bekenntniswidrige Gesetze von neuem in Kraft setzt, die er selbst um der Befriedung der Kirche willen aufgehoben hatte.

Wir erklären, dass sein widerspruchsvolles Verhalten es uns unmöglich macht, ihm das Vertrauen entgegenzubringen, dessen er in seinem Amte bedarf. Wenn wir uns seiner Verordnung widersetzen, so handeln wir dem Augsburgischen Bekenntnisse gemäß, welches in dem Artikel von der Bischöfe Gewalt folgendes ausspricht: „Wo die Bischöfe etwas dem Evangelio entgegenlehren, setzen oder aufrichten, haben wir Gottes Befehl in solchem Fall, dass wir nicht sollen gehorsam sein. Man soll auch den Bischöfen, die ordentlich gewählt, nicht folgen, wo sie irren."

Wir müssen uns auch dem Reichsbischof gegenüber nach dem Worte verhalten:

„Man muß Gott mehr gehorchen als den Menschen!"

Anhang V

Memorandum nicht-deutschchristlicher Kirchenführer vom 25. Januar 1934 und 7-Punkte-Papier

Hochverehrter Herr Reichskanzler!

Wir danken Ihnen, daß Sie am Donnerstag zu uns sprechen und uns Gelegenheit geben wollen, Ihnen von der Lage der Kirche und dem rechten Weg zur Erfüllung ihrer Aufgabe zu sagen. Wir brauchen Ihnen nicht zu versichern, wie dankbar wir Ihnen sind, daß Sie unser äußerlich und innerlich zersetztes Volk vom Abgrund weggerissen und zu neuer Entfaltung seiner Kräfte frei gemacht haben. Wir tragen Ihr Werk mit dem Besten, das wir geben können, mit dem Gebet der Kirche. Wir wollen aber auch mit der Tat alles einsetzen, damit die Kirche ihren Dienst an unserem Volk in dieser Stunde ganz tue. Wir wissen, daß Sie von der bisherigen Haltung der Kirche enttäuscht sind. Wir empfinden das selbst mit Schmerz. Daß Verwirrung und Kämpfe herrschen, statt tatbereiten Einsatzes, liegt aber nicht etwa daran, daß Kirchenführer und Kirchenvolk nicht genug dem Nationalsozialismus aufgeschlossen gewesen wären, sondern allein daran, daß die Kirche ihre eigentliche Aufgabe, das reine Evangelium zu verkünden und nichts anderes zu tun, nicht entschieden genug gewahrt hat. Gerade das Bestreben, Kirche und Volk in engste Verbindung miteinander zu bringen, hat aufs Ganze gesehen zu einem erschütternden Mißerfolg geführt. Man wollte das Evangelium dem Volke neu sagen und hat dabei weithin etwas verkündigt, wogegen sich bekenntnisgemäßer Glaube notwendigerweise auflehnen mußte. Man wollte in der Kirche Führung aufrichten, und es wurde daraus ein

Regiment, das sich schließlich nur mit Gewalt und Notverordnungen halten konnte. Zur Führung berufene Männer haben versagt. Ob wir Unterzeichneten gegen die ‚Deutschen Christen' gestanden, ob wir in ihren Reihen gearbeitet haben, wir sind uns darin einig, daß jetzt grundlegend Wandel geschaffen und ein echter Neuansatz gefunden werden muß.

Es wäre ein völlig falscher Weg, wenn jetzt der Herr Reichsbischof und seine nicht verantwortlichen Berater aus ihrer Notlage heraus den Notstand der Kirche erklären und zur staatlichen Macht flüchten wollten, statt daß die Kirche ihrerseits dem Volke dient. Aus der Kenntnis unserer Kirchen und Gemeinden heraus müssen wir dringend und mit allem Ernst davor warnen, in der Schaffung einer Staatskirche eine Lösung der gegenwärtigen Schwierigkeiten zu suchen. Die Schwierigkeiten werden auf diesem Wege nicht beseitigt, sondern notwendigerweise nur verschärft; denn die Ordnung der Kirche ist niemals herstellbar durch Maßnahmen von außen her, weil es sich hier um eine Gemeinschaft des Glaubens handelt. Die einzige Möglichkeit, die Deutsche Evangelische Kirche zu ordnen und damit wieder frei zu machen für ihren Dienst an Volk und Staat, beruht auf der Wiederherstellung des Vertrauens. Daß dies gelingt, ist nicht mehr in Menschenhand gestellt. Aber aus der Verantwortung, die wir vor Gott für Kirche und Volk tragen, wollen wir es wagen. Wir sind bereit und entschlossen, unserer deutschen evangelischen Kirche ein Kirchenregiment zu geben, dessen Glieder in persönlichem Vertrauen und im Willen zu echter Kirche verbunden sind. Aufgabe dieser Kirche wird es sein, im Gehorsam gegen ihren Herrn Jesus Christus die ihr aufgetragene Botschaft zu sagen. So allein kann und wird sie auch unserem Dritten Reich das geben, was sie ihm schuldig ist.

Als Männer unserer Kirche und unseres Volkes bitten wir Sie, hochverehrter Herr Reichskanzler: Schenken Sie uns das Vertrauen und machen Sie die Bahn frei, diese letzte Möglichkeit in die Tat umzusetzen.

7-Punkte-Papier

Wenn die Deutsche Evangelische Kirche ihren Dienst im Sinne der vorstehenden Grundgedanken tun soll, wenn eine Befriedung eintreten und alle aufbauwilligen Kräfte in wahrhaft kirchlicher Weise eingesetzt werden sollen, sind folgende Maßnahmen unerläßlich:

1. Nachdem die bisher amtierenden drei geistlichen Mitglieder der Reichskirchenregierung zurückgetreten sind, hat der Herr Reichsbischof sofort ein neues Geistliches Ministerium zu berufen, das vom Vertrauen aller Kreise des deutschen Protestantismus getragen ist, die sich zur Befriedung der Kirche auf der Grundlage des evangelischen Bekenntnisses zusammengeschlossen haben. Die vorschlagenden Kirchenführer, welche die überwältigende Mehrheit des deutschen evangelischen Kirchenvolkes darstellen, sind der Überzeugung, daß die von ihnen in Aussicht genommenen Männer, verpflichtet dem Evangelium, in unbedingter Treue zum Dritten Reich und seinem Führer, frei von allen kirchenpolitischen Bindungen und allein der Sache dienend, ihre ganze Kraft daran setzen werden, die durch schwere Wirren erschütterte Kirche so neu zu ordnen, daß sie ihren großen Dienst an unserem Volke tun kann.

2. Der Herr Reichsbischof und das Geistliche Ministerium verabschieden ein Gesetz, das die Vertretung des Reichsbischofs regelt.

3. Der Herr Reichsbischof hat, mit bedingt durch seine Kränklichkeit, die notwendigen Führereigenschaften so stark vermissen lassen und dadurch das Vertrauen des Kirchenvolkes und der Kirchenführer so weit verloren, daß unter seiner Führung die im Blick auf Staat, Volk und Kirche unerläßliche Bereinigung innerhalb der Deutschen Evangelischen Kirche und der Evangelischen Kirche der altpreußischen Union nicht mehr möglich erscheint und daher sein Rücktritt sowohl vom Amt als Reichsbischof wie auch als Landesbischof von Preußen notwendig ist.

4. Gleichzeitig werdem zur wirklichen Beendigung der kirchenpolitischen Kämpfe folgende Maßnahmen getroffen:
Die Verordnung des Reichsbischofs vom 4.1.1934 wird zurückgezogen.
Alle Disziplinarverfahren, die ausschließlich aus dem kirchenpolitischen Kampf entstanden sind, werden niedergeschlagen.
Das neue Geistliche Ministerium und die Kirchenführer wenden sich in einem Aufruf an das Kirchenvolk, in welchem sie die vorstehenden Maßnahmen bekanntgeben und begründen und zugleich alle evangelischen Christen zum gemeinsamen Aufbau von der Gemeinde her aufrufen.

5. Das Geistliche Ministerium trifft die notwendigen Maßnahmen zur Herstellung geordneter Verhältnisse in den Landeskirchen, besonders in Altpreußen, Mecklenburg, Waldeck u.a. Die leitenden Stellen müssen ausschließlich unter dem Gesichtspunkt der sachlichen Eignung neu besetzt werden. Die von vornherein nur mit der Aufgabe der Überleitung betrauten Landes- und Provinzial-Synoden werden sistiert, bis sie auf Grund der neuen Verfassungen der Landeskirchen neu gebildet werden können; in gleicher Weise ist mit der National-Synode zu verfahren.

6. Für das neue Geistliche Ministerium wird ein Empfang beim Herrn Reichspräsidenten und beim Herrn Reichskanzler erbeten. Es tritt sofort in enge Fühlung mit Reichs- und Landesregierungen. Damit eine einheitliche Regelung der kirchlichen Verhältnisse in ganz Deutschland erfolgen kann, bitten wir den Herrn Reichskanzler um die Anordnung, daß die Landesregierungen in ihrer Stellung zur evangelischen Kirche in voller Übereinstimmung mit den zu erlassenden Weisungen der Reichsregierung handeln, ebenso um erneuten Hinweis auf die Anordnung, daß untergeordnete Staats- und Parteistellen sich nicht in die Angelegenheiten der Kirche einmischen dürfen. Vorgänge in Preußen, Mecklenburg und Waldeck machen diese Bitte erforderlich.

7. Das neue Geistliche Ministerium tritt sofort in Verhandlungen mit den zuständigen Stellen der Reichsregierung über eine dauernde Regelung des Verhältnisses zwischen Reich und Deutscher Evangelischer Kirche ein.

Anhang VI

Verordnung zur Sicherung einheitlicher Führung der evangelischen Kirche der altpreußischen Union vom 26. Januar 1934

Zur Sicherung einheitlicher Führung der evangelischen Kirche der altpreußischen Union verordne ich gemäß Artikel 6 Absatz 1 der Verfassung der Deutschen evangelischen Kirche und gemäß § 1 des altpreußischen Kirchengesetzes über die Errichtung des Landesbischofsamts und von Bistümern vom 6. September 1933 (Kirchliches Gesetz- und Verordnungsblatt, S. 141), was folgt:

§ 1 Die Befugnisse des Kirchensenats der evangelischen Kirche der altpreußischen Union werden durch den Landesbischof ausgeübt.

§ 2 Der Landesbischof ist berechtigt, dem evangelischen Oberkirchenrat und den ihm nachgeordneten Stellen der allgemeinen kirchlichen Verwaltung Weisungen zu erteilen.

§ 3 Auf das Verhältnis des Bischofs zum Konsistorium der Kirchenprovinz findet § 2 entsprechende Anwendung.

§ 4 Entgegenstehende Bestimmungen der Verfassung der evangelischen Kirche der altpreußischen Union bleiben für die Geltungsdauer dieser Verordnung außer Anwendung. Die Presbyterial-Synodalverordnung der kirchlichen Selbstverwaltungsverbände bleibt unberührt.

§ 5 Diese Verordnung tritt mit dem heutigen Tage in Kraft.

Personenregister

Adler, Bruno

geb. 4.1.1896, gest. 18.11.1954, Bischof des Bistums Münster 5.10.1933, beurlaubt November 1934, danach Wartestand, Ruhestandsversetzung 1945.

Barth, Karl

geb. 10.5.1886, gest. 10.12.1968, Professor für Systematische Theologie, Göttingen, Münster, Bonn, Basel.

Beyer, Hermann Wolfgang

geb. 12.9.1898, gest. 25.12.1942, Professor für Kirchengeschichte, Greifswald 1926, für Neues Testament, Leipzig 1936, Geistlicher Minister (uniert) in der Kirchenregierung 2.12.1933 - 5./6.1.1934, kommissarisch bis 21.1.1934.

Bodelschwingh, Friedrich von

geb. 18.8.1877, gest. 4.1.1946, Pfarrer, Leiter der Anstalten Bethel, Sarepta und Nazareth 1910 - 1946, designierter Reichsbischof 27.5. - 24.6.1933.

Buttmann, Rudolf

geb. 4.7.1885, gest. 25.1.1947, Ministerialdirektor im Reichsinnenministerium, Kulturpolitik, Mai 1933 bis 1935.

Coch, Friedrich

geb. 11.12.1887, gest. 9.9.1945, Landesbischof von Sachsen, 1933.

Conrad, Walter

geb. 30.1.1892, gest. 9.7.1970, Ministerialrat im Reichsinnenministerium 1933 - 1945, Sachbearbeiter für Kirchenfragen bis 2.2.1934.

Fezer, Karl

geb. 18.4.1891, gest. 13.1.1960, Professor für Praktische Theologie, Tübingen 1926, 1956 - 1959.

Flor, Wilhelm

geb. 23.5.1882, gest. 19.11.1938, Reichsgerichtsrat 1931.

Frick, Wilhelm

geb. 12.3.1877, gest. 16.10.1946, Reichsinnenminister 1933 - 1942, Reichsprotektor von Böhmen und Mähren 1943 - 1945.

Göring, Hermann Wilhelm

geb. 12.1.1893, gest. 15.10.1946, Reichstagspräsident 1932, preußischer Ministerpräsident 1933, Chef der Geheimen Staatspolizei (Gestapo) 1933/1934, Reichsluftfahrtminister 1933 - 1945.

Gogarten, Friedrich

geb. 13.1.1887, gest. 16.10.1967, Professor für Systematische Theologie, Breslau 1931, Göttingen 1935.

Heckel, Johannes

geb. 24.11.1889, gest. 15.12.1963, Professor für öffentliches Recht, insbesondere Kirchenrecht, Berlin 1926, Bonn 1928, München 1934 - 1945, 1948 - 1957.

Held, Heinrich

geb. 15.9.1897, gest. 19.9.1957, Pfarrer 1930 - 1946, Präses der rheinischen Kirche 1948 - 1957.

Hesse, Hermann Albert

geb. 22.4.1877, gest. 26.7.1957, Moderator des Reformierten Bundes 1934 - 1936.

Hildebrandt, Franz

geb. 20.2.1909, gest. 25.11.1985, Pastor Berlin 1933, Cambridge 1939, 1946, Edinburgh 1951, Professor für biblische Theologie, Drew University, New Jersey/USA 1953.

Hindenburg, Paul von

geb. 2.10.1847, gest. 2.8.1934, Generalfeldmarschall 1914, Reichspräsident 1925 - 1934.

Hitler, Adolf

geb. 20.4.1889, gest. 30.4.1945, Vorsitzender der NSDAP 1921, Reichskanzler 1933, Führer und Reichskanzler 1934 - 1945.

Hossenfelder, Joachim

geb. 19.4.1899, gest. 28.6.1976, Pfarrer 1923, Bischof des Bistums Brandenburg 1933, Reichsleiter der DC 1932 - Ende 1933, Geistlicher Minister (uniert) in der Reichskirchenregierung 27.9. - 29.11.1933, Pfarrer Potsdam 1939 - 1945 und Ratekau 1954 - 1969.

Jacobi, Gerhard

geb. 25.11.1891, gest. 12.7.1971, Pfarrer Halle 1923, Magdeburg 1927, Berlin 1930 - 1954, führender Vertreter des Pfarrernotbundes, Bischof von Oldenburg 1954 - 1967.

Jäger, August

geb. 21.8.1887, gest. 17.6.1949, Landgerichtsrat Wiesbaden 1921, Ministerialdirektor preußisches Kultusministerium, Kirchenabteilung 1933, Staatskommissar für die Landeskirchen Preußens Juni/Juli 1933, Rechtskundiges Mitglied des Geistlichen Ministeriums 12.4. - 26.10.1934, Senatspräsident am Kammergericht Berlin 1936, Regierungspräsident Warthegau nach 1939.

Kessler, Jakob

geb. 15.10.1872, gest. 5.1.1939, Jurist im bayerischen Staatsdienst 1899 - 1920, Reichsanwalt 1921, Reichsgerichtsrat 1927, Kirchenpräsident der Pfalz 1930 - 1934.

Kinder, Joachim

geb. 29.5.1897, gest. 30.4.1972, Rechtsanwalt, Vizepräsident des Landeskirchenamts Kiel 1933, Präsident dieses Amts 1937 - 1945, Reichsleiter der DC 21.12.1933 - September 1935.

Kittel, Helmut

geb. 11.4.1902, gest. 20.1.1984, Professor für Religionspädagogik Altona, Kiel, Lauenburg, Danzig 1930 - 1936, Professor für Neues Testament und Religionspädagogik Münster 1937, Pädagogische Hochschule Celle 1946, Pädagogische Hochschule Osnabrück 1953, Professor Münster 1963 - 1970.

Klein, Friedrich

geb. 3.11.1894, gest. 24.2.1946, Pfarrer Grafengehaig/Oberfranken 1922-16.5.1934, kommissarischer Vertreter des Geistlichen Ministers (lutherisch) in der Kirchenregierung 3.-21.12.1933, Oberpfarrer Bad Freienwalde/ Oder, Superintendent Wriezen und Superintendenturverwalter Strausberg 1934-1946.

Koch, Karl

geb. 6.10.1876, gest. 28.10.1951, Pfarrer Holtrup 1904-1914, Bünde 1914-1916, Bad Oeynhausen 1916- 1949, Präses der Westfälischen Provinzialsynode 1927, Vorsitzender des Reichsbruderrats der DEK seit 29./ 31.5.1933, Präses der Westfälischen Kirche 1945-1949.

Klaehn, Theodor

geb. 22.6.1883, gest. 2.1.1963. Studienrat Lic., Bad Doberan, Präsident der Landessynode Mecklenburgs, Mitarbeiter im Stab des Landeskirchenführers *Schultz*.

Koopmann, Otto

geb. 19.8.1878, gest. 27.3.1951, Landgerichtsrat, Präsident des Landeskirchenrats Aurich der reformierten Landeskirche Hannover, 1.6.1925-31.5.1937, Mitglied und Kanzleileiter der Einstweiligen Leitung der DEK 20.7.-27.9.1933, Mitglied des Reichskirchenausschusses 1935-1937.

Krause, Reinhold

geb. 22.10.1893, gest. 6.5.1980, Studienassessor Berlin 1922-1932, Studiendirektor dort 1934-1945, Obmann der DC im Großgau Berlin, nach der Sportpalastkundgebung vom 13.11.1933 Enthebung von allen Ämtern, Gründer der Glaubensbewegung Deutsche Volkskirche 1933, Studienrat Konstanz 1951–1958.

Künneth, Walter

geb. 1.1.1901, gest. 26.10.1997, Dozent an der Apologetischen Centrale im Centralausschuß für Innere Mission Berlin 1927, Privatdozent für Systematische Theologie Berlin 1930, Leiter der Apologetischen Centrale 1932-1937, Pfarrer Starnberg/Oberbayern 1938-1944, Dekan Erlangen 1944, Professor für Sytematische Theologie Erlangen 1946, 1953-1969.

Lammers, Hans Heinrich

geb. 27.5.1879, gest. 4.1.1962, Hilfsrichter Landgericht Breslau 1906, Richter Amtsgericht Beuthen 1912, Reichsinnenministerium 1920/21, Oberregierungsrat 1921, Ministerialrat 1922, Chef der Reichskanzlei November 1933 - 1945, als Staatssekretär 1933, als Reichsminister 1937.

Lauerer, Hans

geb. 25.4.1884, gest. 20.1.1953, Pfarrer Großgründlach/Mittelfranken 1912, Rektor der Diakonissenanstalt Neuendettelsau 1918, zum Geistlichen Minister (lutherisch) in der Reichskirchenregierung ernannt 2.12.1933, Ernennung abgelehnt, Kirchenrat 1936, Lehrauftrag der Augustana-Hochschule Neuendettelsau 1949.

Leffler, Siegfried

geb. 21.11.1900, gest. 10.11.1983, Pfarrer in bayerischer Landeskirche 1925, ausgeschieden 1927, Pfarrer Niederwiera/Thüringen 1928, Mitbegründer der Thüringer DC und anderer Organisationen ca. 1930-1932, nach Beurlaubung Regierungsrat Weimar 1933, dann Oberregierungsrat, Leiter des »Instituts zur Erforschung des jüdischen Einflusses auf das deutsche kirchliche Leben 1939«, Pfarrer Hengersberg/Niederbayern 1959 - 1970.

Marahrens, August

geb. 11.10.1875, gest. 3.5.1950, Theologiestudium 1894 - 1901, Theologie- und Geschichtsstudium Göttingen, Erlangen, Prediger Hannover, Superintendent Einbeck 1919, Generalsuperintendent Stade 1922, Landesbischof von Hannover 1925 - 1947, zahlreiche Ämter, darunter Präsident des Lutherischen Weltconvents 1935 - 1945.

Meinzolt, Hans

geb. 27.10.1887, gest. 20.4.1967, Jurist, Landrat Kirchheimbolanden 1930, Oberkirchenrat im Landeskirchenrat München 1933, dessen Vizepräsident 1935 - 1945, Präses der bayerischen Landessynode 1947 - 1959, Staatsrat und danach Staatssekretär im bayerischen Kultusministerium 1945 - 1946, 1954 - 1957, Honorarprofessor für Staats- und Verwaltungsrecht TU München 1948.

Meiser, Hans

geb. 16.2.1881, gest. 8.6.1956, Theologiestudium München, Erlangen, Berlin 1899-1904, Privatvikar 1905, Stadtvikar Würzburg 1909, Pfarrer München 1915, Oberkirchenrat im Landeskirchenrat München 1928, Stellvertreter des bayerischen Kirchenpräsidenten 1933, Landesbischof 4.5.1933-1.5.1955, zahlreiche Ämter, darunter Leitender Bischof der VELKD und Mitglied des Rates der EKD 1949-1955.

Meissner, Otto

geb. 13.3.1880, gest. 27.5.1953, Gerichtsassessor 1906, Regierungsassessor 1908, Leiter des Büros des Reichspräsidenten 1920, Staatssekretär 1928, Chef der Präsidialkanzlei des Führers und Reichskanzlers 1934-1945, als Staatsminister seit 1937.

Müller, Ludwig

geb. 23.6.1863, gest. 31.7.1945, Pfarrer Rödinghausen 1908, Militärpfarrer 1914, Wehrkreispfarrer Königsberg/Ostpreußen 1926, Bevollmächtigter Hitlers für Fragen der evangelischen Kirche 25.4.1933, Wahl zum Präsidenten des Evangelischen Oberkirchenrats Berlin mit der Amtsbezeichnung Landesbischof 4.8.1933, Reichsbischof 27.9.1933, Entzug der Befugnisse 24.9.1935.

Murr, Wilhelm

geb 16.12.1888, gest. 14.5.1945, NSDAP-Gauleiter Württemberg-Hohenzollern Februar 1928, Staatspräsident Württemberg März-Mai 1933, Reichsstatthalter Württemberg 1933- 1945.

Niemöller, Jan (Johann Heinrich)

geb. 11.12.1925, gest. 12.10.1998, Amtsgerichtsrat Usingen/Taunus 1958-1971, Vorsitzender Richter am Landgericht Frankfurt am Main 1971-1988, kirchliche Ehrenämter, Mitglied des Rates der EKD, Vorstandsvorsitzender des Diakonischen Werkes in Hessen und Nassau.

Niemöller, Martin

geb. 14.1.1892 gest. 6.3.1984, Marineoffizier 1912-1918, Theologiestudium Münster 1919, Geschäftsführer der Inneren Mission Münster 1924, Pfarrer Berlin-Dahlem 1931, Leiter des Pfarrernotbunds 11.9.1933, Verhaftung 1.7.1937, Konzentrationslager Sachsenhausen 2.3.1938, Konzentrationslager Dachau 1941 - 1945, Leiter des Kirchlichen Außenamts und Mitglied des Rates der EKD 1945, Kirchenpräsident der EKHN 1947 - 1964, einer der Präsidenten des Ökumenischen Weltrats der Kirchen 1961 - 1968.

Oberheid, Heinrich

geb. 7.2.1895, gest. 17.11.1977, Theologiestudium 1914, Volkswirtschaftsstudium 1919, Dezernent Bergbau-Verein Essen, Landwirt 1925, Theologiestudium 1925, Textilhändler 1928, Vikar Remscheid 1931, Theologiestudium (Abschluss) 1932, Pfarrer Asbach und Kircheib/Westerwald 1933, Bischof des Bistums Köln-Aachen Oktober 1933, Mitarbeiter des Reichsbischofs November 1933 (»Chef des Stabes« seit 7.3.1934), Beurlaubung aus beiden Ämtern Mitte 1934, Anschluss an Thüringer DC, Pfarrer in Thüringen 1936.

Peter, Friedrich

geb. 4.10.1892, gest. 17.4.1960, Pfarrer in Sachsen 1922, Berlin 1926, Oberkonsistorialrat im Evangelischen Oberkirchenrat Berlin 1933, Bischof des Bistums Magdeburg 1933, Pfarrer Berlin 1936 - 1948, Gronau/Westfalen 1953.

Pfeffer von Salomon, Franz

geb. 19.2.1888, gest.12.4.1968, Offizier, Gauleiter und SA-Führer Gau Westfalen 1924, Gau Ruhr 1925, Chef der SA 1926 - 1930, Beauftragter des Führers in Kirchenangelegenheiten, Frühjahr bis Herbst 1934, Parteiausschluss 1941.

Rosenberg, Alfred

geb. 12.1.1893, gest. 16.10.1946, Verfasser des Buchs »Der Mythus des 20. Jahrhunderts« 1930, Leiter des Außenpolitischen Amtes der NSDAP 1933, Beauftragter des Führers für die Überwachung der weltanschaulichen Schulung und Erziehung der NSDAP 1934, Reichsminister für die besetzten Ostgebiete 1941 - 1945.

Sasse, Martin

geb. 15.8.1890, gest. 28.8.1942, Pfarrer Haber/Tschechoslowakei 1920, Rothenburg/Lausitz 1923, Oberpfarrer Lauscha/Thüringen 1930, Mitglied des Landeskirchenrats Eisenach 1933, Stellvertreter des Landesbischofs von Thüringen 9.1. - 28.2.1934, selbst Landesbischof dort 1.3.1934.

Scharf, Kurt

geb. 21.10.1902, gest. 28.3.1990, Pfarrer Sachsenhausen 1933 - 1946, Vorsitzender des Rates der EKD 1961–1967, Bischof von Berlin-Brandenburg 1966 - 1976.

Schirach, Baldur von

geb. 9.5.1907, gest. 8.8.1974, Reichsjugendführer der NSDAP 1932, Jugendführer des Deutschen Reichs 1933, Reichsstatthalter und Gauleiter Wien 1940 - 1945.

Schöffel, Simon

geb. 22.10.1880, gest. 28.5.1959, Vikar Weihenzell und Merkendorf/Mittelfranken, Hofkaplan des Fürsten zu Erbach-Schönberg/Hessen 1904, Katechet Nürnberg 1906, Pfarrer Schweinfurt 1909, Dekan dort 1920, Hauptpastor Hamburg 1922 - 1954, Landesbischof von Hamburg 29.5.1933 - 1.3.1934, Mitglied der Einstweiligen Leitung der DEK 20.7. - 27.9.1933, Geistlicher Minister (lutherisch) in der Reichskirchenregierung 27.9.1933 - 24.11.1933, Landesbischof von Hamburg 1946 - 1954.

Schultz, Walther

geb. 20.8.1900, gest. 22. oder 26.6.1957, Pfarrer Badendieck 1928, Führer des NS-Pastorenbunds Mecklenburg 1933, Landeskirchenführer (Landesbischof) von Mecklenburg 1933 - 1945, Pfarrdienste in Fallingbostel, Schnackenburg, dort Pfarrer 1950 - 1956.

Schwerin von Krosigk, Johann Ludwig (›Lutz‹) Graf

geb. 22.8.1887, gest. 4.3.1977, Reichsfinanzminister 1932 - 1945.

Stratenwerth, Gerhard

geb. 20.7.1898, gest. 25. Mai 1988, Pfarrer 1925, persönlicher Mitarbeiter v. Bodelschwinghs Bethel 1926 und in dessen Zeit als designierter Reichsbischof Mai/Juni 1933, Mitarbeit in der Leitung des Pfarrernotbunds 1933/1934, Pfarrer Dortmund 1934, Aufbau des Sozialamts der westfälischen Kirche 1946, Vizepräsident des Kirchlichen Außenamts der EKD Frankfurt am Main 1948 - 1966.

Troost, Paul Ludwig

geb. 17.8.1878, gest. 21.1.1934, Architekt des »Führerbaus« am Münchener Königsplatz 1933, auch beim Umbau des »Braunen Hauses«, der NSDAP-Parteizentrale in München.

Weber, Otto

geb. 4.6.1902, gest. 19.10.1966, Dozent an der Theologischen Schule Elberfeld 1928-1933, Seminardirektor dort 1930, Geistlicher Minister (reformiert) in der Reichskirchenregierung 27.9.-25.11.1933 und 2.-22.12.1933, kommissarische Verwaltung des Amts 23.2.1934, Professor für reformierte Theologie Göttingen 1934.

Wedel, Botho Graf von

geb. 23.12.1862, gest. 1.2.1943, Jurist 1885, Diplomat, Militärattaché an Botschaften in Österreich 1887 und Frankreich 1889, Legationssekretär 1890, Botschaftssekretär in Spanien und Japan 1896-1898, Geschäftsträger an der Botschaft in Japan 1900-1901, Generalkonsul Budapest 1904, Botschafter in Österreich 1916.

Werner, Friedrich

geb. 3.9.1897, gest. 30.11.1955, Rechtsanwalt Berlin 1928, kommissarischer, dann ordentlicher Präsident der Generalsynode und des Kirchensenats der APU 18.9.1933, Rechtskundiges Mitglied des Geistlichen Ministeriums der Kirchenregierung 27.9.- 29.11. und 2.-23.12.1933.

Wurm, Theophil

geb. 7.12.1868, gest. 28.1.1953, Kirchenpräsident von Württemberg 1929, Landesbischof von Württemberg 1933-1949, zahlreiche Ämter, erster Vorsitzender des Rates der EKD 1945-1949.

Die vorstehenden Personenangaben sind überwiegend entnommen dem Werk von *Braun/Nicolaisen* (Bearb.), Verantwortung für die Kirche, Stenographische Aufzeichnungen und Mitschriften von Landesbischof Hans Meiser, Bd. 1, Göttingen 1985, Personenregister/Biographische Angaben, S. 506 ff., zum kleineren Teil aus allgemein zugänglichen Quellen oder privaten Unterlagen selbst ermittelt. Eine Gewähr für ihre Richtigkeit wird nicht übernommen.

Zeittafel

1933

11.7. **Verfassung der Deutschen Evangelischen Kirche** (DEK). (**Anhang I**).

23.7. Kirchenwahlen im Deutschen Reich.

5.9. Generalsynode der Altpreußischen Union (APU) in Berlin. Wahl *Ludwig Müllers* zum Präsidenten des Evangelischen Oberkirchenrats.

6.9. Bischofsgesetz. Berufung *Ludwig Müllers* ins Amt des Landesbischofs der APU. Errichtung neuer Bistümer, u.a. Münster (Bischof *Adler*) und Köln-Aachen (Bischof *Oberheid*). »Arierparagraph« wird in der APU durch Kirchengesetz eingeführt.

11.9. **Pfarrernotbund** gegründet. (**Anhang II**).

27.9. Nationalsynode der DEK in Weimar. Wahl *Ludwig Müllers* zum Reichsbischof, *Müller* beruft ins Geistliche Ministerium *Schöffel* (lutherisch), *Weber* (reformiert), DC-Reichsleiter *Hossenfelder* (uniert) und *Werner* (rechtskundiges Mitglied).

13.11. Sportpalast-Kundgebung in Berlin.

16.11. »Arierparagraph« wird vorläufig außer Kraft gesetzt.

29.11. Rücktritt des Geistlichen Ministeriums. Neuberufung von Ministern: *Lauerer* (lutherisch), *Weber* (reformiert), *Beyer* (uniert) und wiederum *Werner* (rechtskundiges Mitglied); *Lauerer* lehnt ab, die anderen scheiden im Dezember 1933 und Januar 1934 aus.

19.12. Evangelisches Jugendwerk wird in die Hitlerjugend eingegliedert durch

20.12. Abkommen zwischen Reichsbischof und *Baldur von Schirach.* Misstrauenserklärungen der Bekenntnisfront gegen den Reichsbischof.

21.12. *Hossenfelders* Rücktritt von allen kirchlichen Leitungsämtern, auch als Leiter der DC, Nachfolger wird *Kinder.*

30.12. Ultimatum der Bekenntnisfront an den Reichsbischof und Vorschlag zur Neubesetzung des Geistlichen Ministeriums, Abschriften gehen an *Hindenburg*, *Hitler* und *Frick.*

1934

4.1. »**Maulkorberlass**«, Verordnung betr. die Wiederherstellung geordneter Zustände in der DEK; setzt den »Arierparagraphen« wieder in Kraft.
(**Anhang III**).

7.1. **Kanzelabkündigung** des Pfarrernotbunds, wird am 14.1. wiederholt (**Anhang IV**).

11.1. *Hindenburg* empfängt den Reichsbischof in Gegenwart von *Meissner, Schwerin v. Krosigk* und *Oberheid.*

12.1. *Hindenburg* bittet *Frick,* bei der Besprechung am 13.1. zwischen dem Reichsbischof und den Kirchenführern zu vermitteln.

13.1. Besprechung des Reichsbischofs mit den Kirchenführern. Der Notbund ist nicht vertreten. Für *Frick* erscheint *Buttmann.* Die Kirchenführer versprechen, die für den 14.1. vorgesehene Kanzelabkündigung des Notbunds zu verhindern und den Streit bis zum 17.1. ruhen zu lassen (»Burgfrieden«).

16.1. *Hindenburg* interveniert bei *Hitler.*
Korrespondenz zwischen *Meissner* (Reichspräsidialamt) und *Lammers* (Reichskanzlei). *Hitler* sagt den Termin vom 17.1. zum Empfang des Reichsbischofs ab und beordert *Frick* und *Buttmann* zur Besprechung.

18.1. Besprechung zwischen *Hitler, Frick* und *Buttmann*. Ergebnis: *Frick* soll Kirchenführer beider Seiten zur Aussprache einladen.

19.1. *Frick* lädt die Kirchenführer zum 24.1. in die Reichskanzlei ein. Der Termin wird später wegen Beerdigung von *Troost* verlegt auf den 25.1.

25.1. **Memorandum nicht-deutschchristlicher Kirchenführer**.
Schreiben an den Reichskanzler und 7-Punkte-Papier.
(**Anhang V**).
10.15 Uhr *Niemöllers* Telefonat mit *Künneth* (Die »letzte Ölung«).
12.00 Uhr *Hindenburg* empfängt *Hitler.*
Kanzlerempfang der Kirchenführer in der Reichskanzlei.
Termin 13.00 Uhr, Beginn ca. 13.15 Uhr, Ende 14.30 Uhr.

26.1. **Verordnung des Reichbischofs** zur Sicherung einheitlicher Führung der evangelischen Kirche der APU.
(**Anhang VI**).

27.1. Kapitulation der Kirchenführer gegenüber dem Reichsbischof.

Bildnachweis

Titelbild: © akg-images: Berlin, Ehrenhof Reichskanzlei / Foto.

Abb 1: © Bundesarchiv, Bild 183-H30223.
Abb 2: Zentralarchiv der Evangelischen Kirche von Hessen und Nassau.
Abb. 3: © epd-Bild / Keystone, Mediennummer 00169637.
Abb. 4: Theophil Wurm, Erinnerungen aus meinem Leben, 2. Aufl. Stuttgart 1953, S. 96/97, Presseaufnahme.
Abb. 5: © epd-Bild/Archiv, Mediennummer 00134775.
Abb. 6: © epd-Bild, Mediennummer 00335727.
Abb. 7: © Landeskirchliches Archiv der Ev.-lutherische Landeskirche Hannovers.
Abb. 8: http://www.hamburgerpersoenlichkeiten.de.
Abb. 9: © Landeskirchliches Archiv Württemberg, Bildersammlung Nr. 5055; https://www.wkgo.de/epochen/nationalsozialismus.
Abb. 10: © Privatbesitz/Reproduktion Gedenkstätte Deutscher Widerstand.
Abb. 11: Privatbesitz, Scan GDW.

Literaturverzeichnis

Adler, *Bruno*, Aufzeichnung vom Februar 1954, abgedruckt bei Kampmann in: Jahrbuch für Westfälische Kirchengeschichte, Bd. 89 (1995) S. 196.

Baier, *Helmut*, Das Verhalten der lutherischen Bischöfe gegenüber dem nationalsozialistischen Staat 1931-1934 in: Tutzinger Texte, Sonderband I, Kirche und Nationalsozialismus, München 1969.

Beyer, Hermann Wolfgang, Im Kampf um Volk und Kirche, 1934, Nachdruck, Nikosia/Zypern 2016.

Braun/Nicolaisen (Bearb.), Verantwortung für die Kirche, Stenographische Aufzeichnungen und Mitschriften von Landesbischof Hans Meiser, Bd 1, Göttingen 1985, (zitiert als Meiser, Verantwortung).

Bülow, Vicco von, Otto Weber (1902-1966), Göttingen 1999.

Conrad, *Walter*, Der Kampf um die Kanzeln, Berlin 1957.

Demps, *Laurenz*, Berlin-Wilhelmstraße, Berlin 1994.

Denzler/Fabricius (Hg.), Die Kirchen im Dritten Reich, Bd. 2, Dokumente, Frankfurt am Main 1984.

Dinkler/Dinkler-von Schubert (Hg.), Theologie und Kirche im Wirken Hans von Sodens, 2. Aufl. Göttingen 1986.

Faulenbach, Heiner, Ein Weg durch die Kirche – Heinrich Josef Oberheid, Köln 1992

Fuhrer, Armin, Görings NSA – Das ›Forschungsamt‹ im Dritten Reich, Reinbek, 2019.

Gauger, *Joachim,* Chronik der Kirchenwirren, I, Gotthard-Briefe, 1932-1934.
Glenthøj, Jørgen, in: Kurt Dietrich Schmidt (Hg.), Zur Geschichte des Kirchenkampfes, Bd. 15, Gesammelte Aufsätze, Göttingen 1965.

Hellmann, *Manfred*, Friedrich v. Bodelschwingh d. J., Wuppertal und Zürich 1988.
Helwig, Arno (Hg.), »... an dem Geschehen in der Welt mitverantwortlich«, Kommentierte Dokumentation zur Dauerausstellung im Martin-Niemöller-Haus Berlin-Dahlem, Berlin 2021.
Hermelink, Heinrich (Hg.), Kirche im Kampf, Tübingen und Stuttgart 1950.
Hermle/Thierfelder (Hg.), Herausgefordert, Dokumente zur Geschichte der Evangelischen Kirche in der Zeit des Nationalsozialismus, Stuttgart 2008.

Kaczynski, *Reiner,* Feier der Krankensalbung, in: Hdb. der Liturgiewissenschaft, Teil 7,2, Sakramentliche Feiern I/2, Regensburg 1992.
Kampmann, Jürgen, in: Jahrbuch für Westfälische Kirchengeschichte, Bd. 89, 1995
Kampmann, Jürgen (Hg.), Preußische Union, Ursprünge, Wirkung und Ausgang, Unio und Confessio Bd. 27, Bielefeld 2011.
Karnick/Richter, Niemöller – Was würde Jesus dazu sagen? Frankfurt am Main 1986.
Kershaw, Ian, Hitler 1889-1935, 2. Aufl. Stuttgart 1998.
Kinder, Christian, Neue Beiträge zur Geschichte der evangelischen Kirche in Schleswig-Holstein und im Reich 1924-1945, 2. Aufl. Flensburg 1966.
Klügel, Eberhard, Die lutherische Landeskirche Hannovers und ihr Bischof 1933-1945, Berlin und Hamburg 1964.
Koop, Volker, Hans-Heinrich Lammers, Bonn 2017.
Kretschmar/Nicolaisen (Hg., Bearb.), Dokumente zur Kirchenpolitik des Dritten Reiches, Bd. I und II, München 1971/1975.
Künneth, Walter, Lebensführungen, Wuppertal 1979.
Lekebusch, Sigrid, Die Reformierten im Kirchenkampf, Köln 1994.

May, *Gerhard* (Hg.), Das Marburger Religionsgespräch 1529, Texte zur Kirchen- und Theologiegeschichte, Heft 13, Gütersloh 1970.

Meier, Kurt, Der evangelische Kirchenkampf, Bd. 1, Halle/Saale 1976.

Meiser, Verantwortung, abkürzende Zitierweise für: *Braun/Nicolaisen* (Bearb.), Verantwortung für die Kirche, Stenographische Aufzeichnungen und Mitschriften von Landesbischof Hans Meiser, Bd 1, Göttingen 1985.

Meiser, Bericht, abkürzende Zitierweise für: *Meiser,* Bericht vom 31. Januar 1934 vor dem Landessynodalausschuß in München, nach Aufzeichnungen von Bogner in: *Baier*, Helmut, Das Verhalten der lutherischen Bischöfe gegenüber dem nationalsozialistischen Staat 1931-1934 in: Tutzinger Texte, Sonderband I, Kirche und Nationalsozialismus, München 1969.

Niemöller, *Gerhard*, Arbeiten zur Geschichte des Kirchenkampfes, Göttingen 1958-1975.

Niemöller, Jan, Interview am 12. Dezember 1991, Dokumentation von Studientag und Festakt zum 100. Geburtstag von Martin Niemöller, hg. von der Evangelischen Darlehensgenossenschaft eG und dem Diakonischen Werk der Evangelischen Kirche von Westfalen, Münster 1992.

Niemöller, Martin, Interview mit Günter Gaus vom 30. Oktober 1963, im Radio Berlin Brandenburg, https://www.rbb-online/de.interview_archiv/Niemoeller_martin.html, aufgerufen am 19. Juni 2021.

Niemöller, Martin, Interview mit Dietmar Schmidt, in: Karnick/Richter, Niemöller – Was würde Jesus dazu sagen? Frankfurt am Main 1986.

Niemöller, Wilhelm, Kampf und Zeugnis der Bekennenden Kirche, Bielefeld 1948.

Niemöller, Wilhelm, Die Evangelische Kirche im Dritten Reich, Bielefeld 1956.

Niemöller, Wilhelm, Texte zur Geschichte des Pfarrernotbundes, Berlin 1958.

Niemöller, Wilhelm, Hitler und die evangelischen Kirchenführer, Bielefeld 1959.

Niemöller, Wilhelm, Wort und Tat im Kirchenkampf, München 1969.

Niemöller, Wilhelm, Der Pfarrernotbund, Hamburg 1973.

Niemöller, Wilhelm, Arbeiten zur Geschichte des Kirchenkampfes, Göttingen 1958-1975.

Picker, *Henry,* Hitlers Tischgespräche im Führerhauptquartier 1941-1942, 2. Aufl. Stuttgart 1965.

Roggelin, *Holger,* Franz Hildebrandt: ein lutherischer Dissenter im Kirchenkampf und Exil, Göttingen 1999.

Roos, Hans, Geschichte der Polnischen Nation 1918-1978, 3. Aufl. Stuttgart 1979.

Scharf, *Kurt,* Der Pfarrernotbund, in: Bekennende Kirche, Martin Niemöller zum 60. Geburtstag, München 1952.

Schmidt, Jürgen, Martin Niemöller im Kirchenkampf, Hamburg 1971.

Schneider, Thomas Martin, Reichsbischof Ludwig Müller, Göttingen 1993

Schneider, Thomas Martin, Mit Schwert und Talar, Begleitbroschur zur Ausstellung 2017 im Deutschen Marinemuseum Wilhelmshaven.

Scholder, Klaus, Die Kirchen und das Dritte Reich, Bd. 1 und 2, Frankfurt am Main 1986/1988.

Seraphim, Hans-Günther (Hg.), Das politische Tagebuch Alfred Rosenbergs, München 1964.

Wilderotter, *Hans*, Alltag der Macht – Berlin Wilhelmstraße, Berlin 1998.

Wurm, Theophil, Aufzeichnung vom 25. Januar 1934, in: *Kretschmar/Nicolaisen*, Dokument II 9/34. S. 23.

Wurm, Theophil, Erinnerungen aus meinem Leben, 2. Aufl. Stuttgart 1953.

Wurm, Theophil, Schreiben an Hammerschmidt vom 5. April 1939, EZA Berlin 50/81.

Abkürzungsverzeichnis

AELKZ	Allgemeine Evangelisch-Lutherische Kirchenzeitung
Akz.	Akzidenz
Anm.	Anmerkung
APU	Altpreußische Union
Aufl.	Auflage
BArch	Bundesarchiv
Bd.	Band
Bearb.	Bearbeiter
Best.	Bestand
BGHSt	Entscheidungen des Bundesgerichtshofs in Strafsachen
Can., Cann.	Canon, Canones (CIC)
CIC	Codex Iuris Canonici
DC	Deutsche Christen, Glaubensbewegung
DEK	Deutsche Evangelische Kirche
ders.	Derselbe
EKD	Evangelische Kirche Deutschlands
EKHN	Evangelische Kirche von Hessen und Nassau
ELAB	Evangelisches Landeskirchliches Archiv in Berlin
EOK	Evangelischer Oberkirchenrat
EvTh	Evangelische Theologie (Zeitschrift)
EZA	Evangelisches Zentralarchiv
Fn.	Fußnote
fol.	Folium, Blatt

FS	Festschrift
Gbl.	Gesetzblatt
Gestapo	Geheime Staatspolizei
GVBl	Gesetz- und Verordnungsblatt
Hdb.	Handbuch
Hg.	Herausgeber
LkAH	Landeskirchliches Archiv Hannover
l. Sp.	linke Spalte
MinDir	Ministerialdirektor
NS	Nationalsozialismus, nationalsozialistisch
NSDAP	Nationalsozialistische Deutsche Arbeiterpartei
RGBl.	Reichsgesetzblatt
Rn.	Randnummer
r. Sp.	rechte Spalte
SA	Sturmabteilung
StPO	Strafprozessordnung
SZ	Süddeutsche Zeitung
TU	Technische Universität
VELKD	Vereinigte Evangelisch-Lutherische Kirche Deutschlands
Verf.	Verfasser
ZA	Zentralarchiv

Danksagung

Wer – wie ich – keine Erfahrung in der Nutzung von Archiven hat, ist umso dankbarer, wenn ihm in Zeiten, die eine Dokumentenrecherche an Ort und Stelle erschweren, von Profis geholfen wird. Das ist mir geschehen. Also danke ich herzlich allen, die mich bei dieser Studie unterstützt haben, namentlich Herrn *Michael Bing* vom Landeskirchlichen Archiv Stuttgart, Herrn *Dr. Michael Buddrus* vom Institut für Zeitgeschichte München-Berlin, Herrn *Martin Kamp* vom Landeskirchlichen Archiv der Evangelischen Kirche von Westfalen, Frau *Christiane Mokroß* vom Evangelischen Zentralarchiv Berlin, Frau *Dr. Mareike Rake* und Herrn *Jörg Rohde* vom Landeskirchlichen Archiv der Evangelisch-Lutherischen Landeskirche Hannover, Herrn *Ulrich Stenzel* vom Landeskirchlichen Archiv der Evangelisch-Lutherischen Kirche in Norddeutschland und Herrn *Dr. Johann Peter Wurm* vom Landeskirchlichen Archiv Nordkirche, Standort Schwerin. Sie alle haben mir wertvolle Informationen geliefert oder Anregungen gegeben. Auch für die anonyme Auskunft einer Mitarbeiterin oder eines Mitarbeiters der Evangelischen Arbeitsgemeinschaft für Kirchliche Zeitgeschichte der Ludwig-Maximilian-Universität München sage ich Dank. Besonders wichtig waren für mich die Hinweise und Auskünfte, die mir Herr *Michael Schelter* vom Bundesarchiv in Berlin erteilt hat – seine Wegweisung hat mich zu mehreren digitalisierten Dokumenten geführt, ohne deren zitierbare Verwertung die hier vorgelegte Studie kaum präsentabel wäre. Ganz besonders danke ich Frau *Natalia Alekseeva* vom Zentralarchiv der Evangelischen Kirche von Hessen und

Nassau für ihre tatkräftige, unermüdliche Hilfe, die sie mir mit viel Geduld und Zuwendung geleistet hat. Nicht mehr danken kann ich meinem am 26. März 2020 verstorbenen Bruder *Hermann*, der mich durch seine Auseinandersetzung mit Themen des Kirchenkampfs unwissentlich zu dieser Studie inspiriert hat. Im Verlauf ihrer Entstehung hatte ich oft das Gefühl, als blicke er mir beim Schreiben über die Schulter. So war er nicht nur als »Anstifter« daran beteiligt, sondern in einem erweiterten Sinne auch stets anwesend und ist es auch jetzt – in meinen Gedanken und meinem Gedenken.

Ettlingen, im April 2022 *Martin Niemöller jr.*